H Franzmann

Turnreigen und Aufmärsche für Volkschulen,

Präparandenanstalten, Seminarien und Turnvereine

H Franzmann

Turnreigen und Aufmärsche für Volkschulen,
Präparandenanstalten, Seminarien und Turnvereine

ISBN/EAN: 9783743497542

Hergestellt in Europa, USA, Kanada, Australien, Japan

Cover: Foto ©ninafisch / pixelio.de

Weitere Bücher finden Sie auf **www.hansebooks.com**

Turnreigen und Aufmärsche

für

Volksschulen,

Präparandenanstalten, Seminarien und Turnvereine

von

H. Franzmann,
Lehrer.

Mit 44 in den Text gedruckten Abbildungen.

Hannover.
Verlag von Carl Meyer.
(Gustav Prior.)
1886.

Vorwort.

Angeregt durch unsere Kreiskonferenz im Sommer vorigen Jahres, sah ich mich veranlaßt, zur Feier des Sedanfestes für unsere hiesige Schule einige Turnreigen zusammenzustellen und bei genannter Gelegenheit aufzuführen. Schon vorher für diesen Zweig des Turnens interessiert, wuchs meine Zuneigung mit der Beschäftigung auf diesem Gebiete. So entstand das vorliegende Werkchen, welches ich hiermit der Öffentlichkeit übergebe, für das ich aber auch zugleich um gütige Nachsicht in Bezug auf seine etwaigen Fehler und Mängel bitte.

Wohlmeinende Ratschläge und Verbesserungsvorschläge bitte ich mir gütigst mitteilen zu wollen, damit ich dieselben bei etwaiger Gelegenheit zum Nutzen des Büchleins sowohl als auch zum Vorteil unserer Turner verwenden könne.

Möge denn das Büchlein seinen Zweck in der rechten Weise erfüllen und schon auf dem Turnplatze in den Herzen der deutschen Jugend den Sinn für die Zusammengehörigkeit, die Ordnung und das Schöne wecken und pflegen!

Allen aber, die das Büchlein zu ihrem Ratgeber und Helfer wählen, ein frisches, freies, fröhliches und frommes „Gut Heil" zur Erreichung dieses Zweckes!

Beydorf, im Juni 1886.

H. Fränzmann.

A. Aufmärsche.

I.

Die Turner betreten in doppelter Flankenreihe den Übungsplatz*) *abcd* im Punkte *e* (Fig. 1). Von

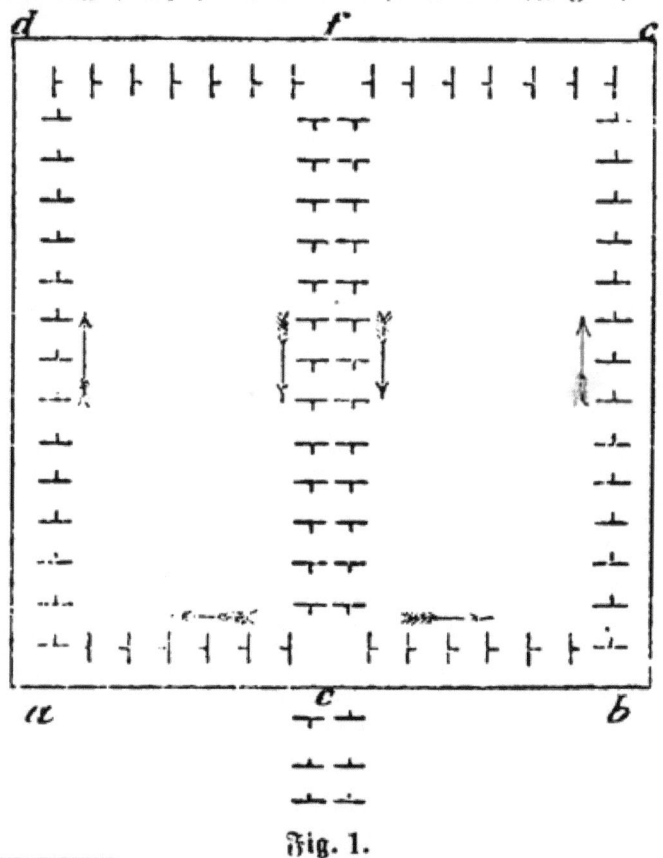

Fig. 1.

*) Der Übungsplatz ist ein je nach der Anzahl der Turner größerer oder kleinerer Raum des Turnplatzes in Form eines Quadrats oder Rechtecks, der etwa durch Stäbe deutlich zu markieren ist.

diesem Punkte aus marschiert **die linke** Reihe im Umzug über *a* und *d* nach *f*, die rechte Reihe im Umzug über *b* und *c* ebenfalls nach *f*. Von *f* aus marschieren beide Reihen nebeneinander als doppelte Flankenreihe nach *e* (Fig. 1). Nun marschieren die ungeraden Paare **im** Umzug über *a* und *d* nach *f* (Fig. 2), während **die** geraden Paare ihren Weg im

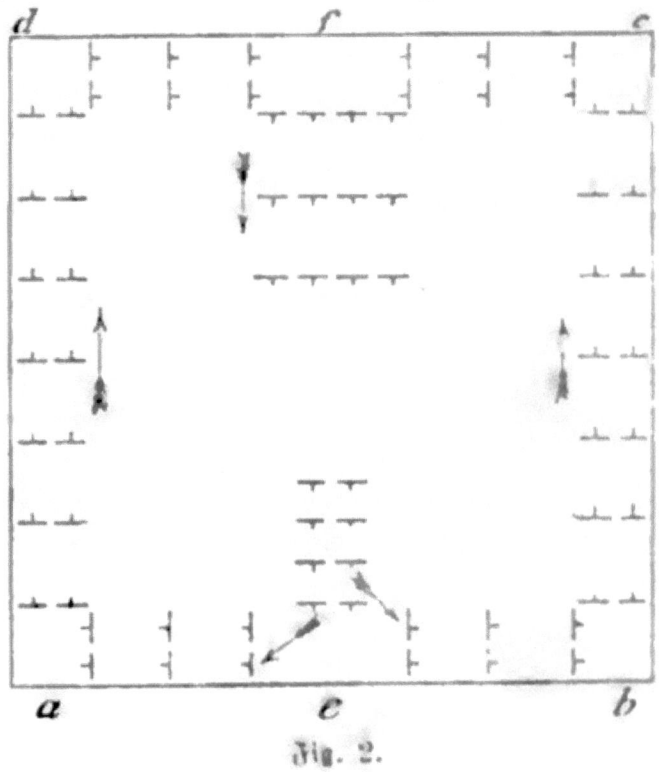

Fig. 2.

Umzuge über *b* **und** *c* nach *f* nehmen. Von *f* aus marschieren je zwei Paare nebeneinander mit 4 Schritten Abstand zwischen je zwei Viererreihen nach *e* zur Aufstellung. (Siehe Reigen III und II.)

II.

Die Turner betreten den Übungsplatz als dreigliedrige Flankenreihe bei e. Es marschiert nun Reihe 1 im Umzuge über a nach d, Reihe 2 über f nach c und Reihe 3 im Umzuge über b ebenfalls

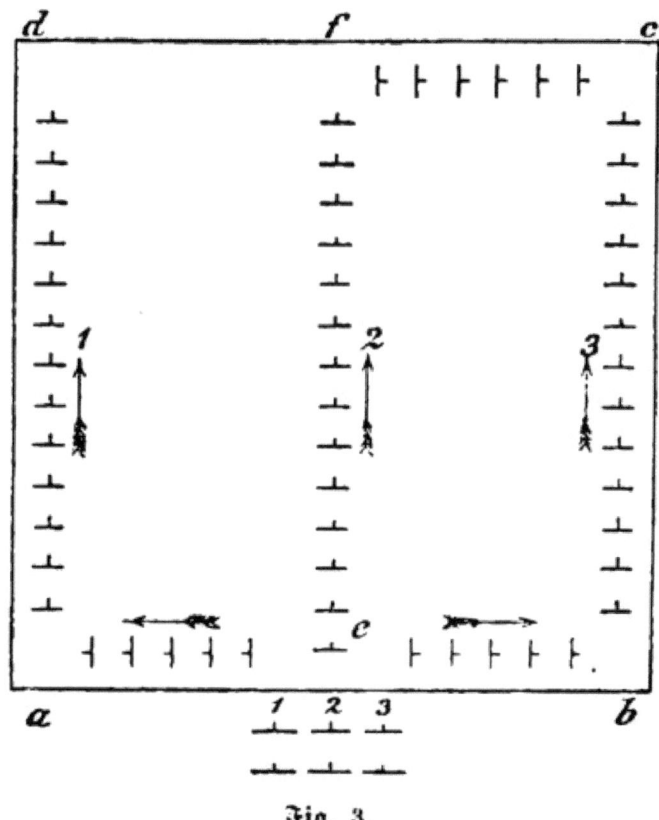

Fig. 3.

nach c (Fig. 3). Von d aus vollführt Reihe 1 einen Schrägzug nach b, während Reihe 2 und 3 von c aus ebenfalls einen Schrägzug und zwar nach a

6 Aufmarsche.

machen. Die Reihen kreuzen sich in der Mitte *g* (Fig. 1). Nun wendet sich Reihe 1 nach *e*, wohin sich auch Reihe 2 und 3 von *a* aus richten. Von *e*

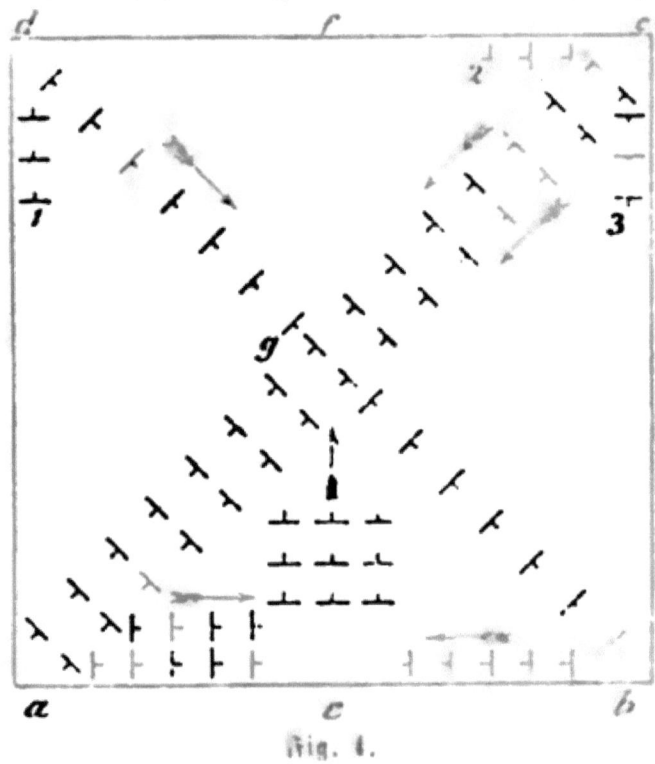

Fig. 1.

aus marschieren alsdann sämtliche drei Reihen als dreigliedrige Flankenreihe nach *f*, um so Aufstellung zu nehmen. (Siehe Reigen IV.)

III.

Die Turner betreten den Übungsplatz in geschlossener Flankenreihe bei *e*. Von hier aus zieht der 1. mit dem 3., 5. 2c. im Gefolge im Umzuge

Aufmärsche.   7

bis a, der 2. mit dem 4., 6. 2c. bis b. Jede der beiden Flankenreihen macht hier eine Schleife*) nach

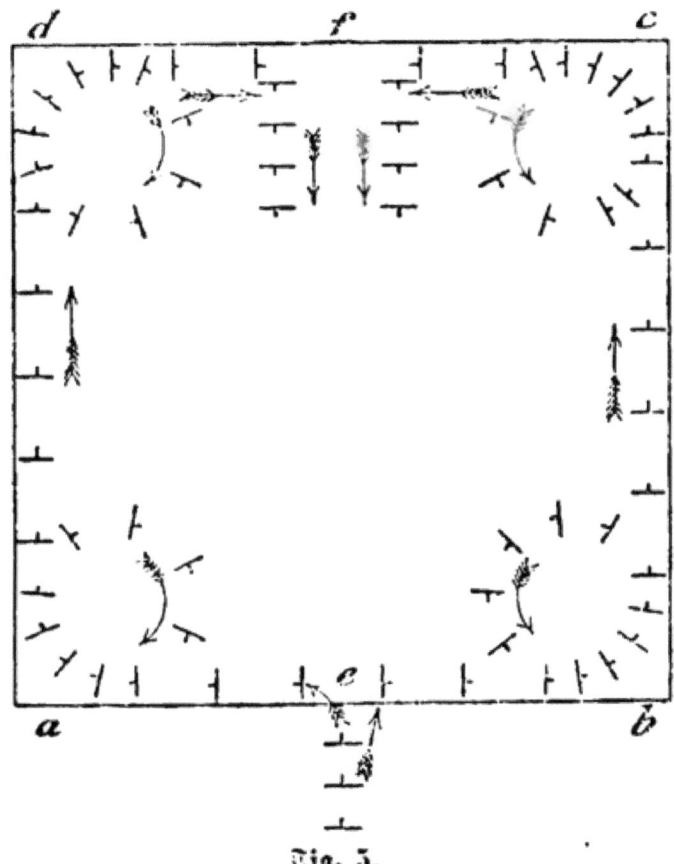

Fig. 5.

innen (Fig. 5). Nach Vollendung der Schleife marschiert die eine Flankenreihe nach d, die andere nach c,

---

*) Ganz besondere Aufmerksamkeit ist darauf zu richten, daß der Abstand von je 2 Schritten genau gewahrt werde, damit jeder einzelne nach Vollendung der Schleife Raum genug zum Durchmarschieren habe.

8 Aufmärsche.

um dort noch einmal dieselbe Schleife zu bilden und dann bis f vorwärts zu ziehen. Von f aus marschieren beide Reihen mit 2 Schritten Abstand von einander nach e, wobei beide Flankenreihen geschlossen werden. Zum Schlusse wird durch Nebenreihen der Geraden in jeder Reihe nach außen mit 2 Schritten Abstand die erforderliche Aufstellung genommen. (Siehe Reigen V.)

IV.

Die Turner, die den Übungsraum in einer Flankenreihe bei e betreten, ziehen durch bis zur

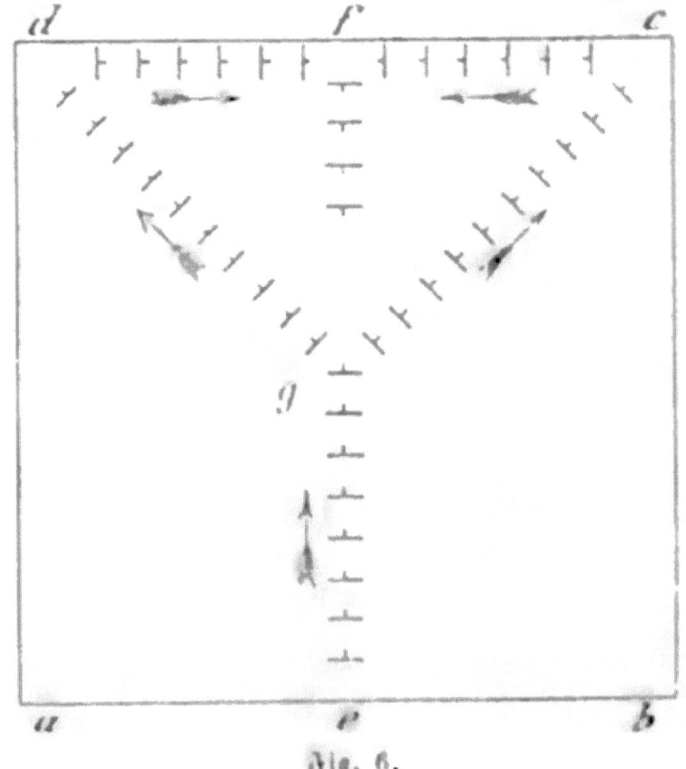

Fig. 6.

Mitte g (Fig. 6). Von g aus machen die Ungeraden
einerseits und die Geraden anderseits einen Schräg=
zug nach den Ecken d und c und dann Umzug bis f
(Fig. 6). Beim Zusammentreffen reihen sich die
Geraden hinter, um in einer Reihe mit den Un=

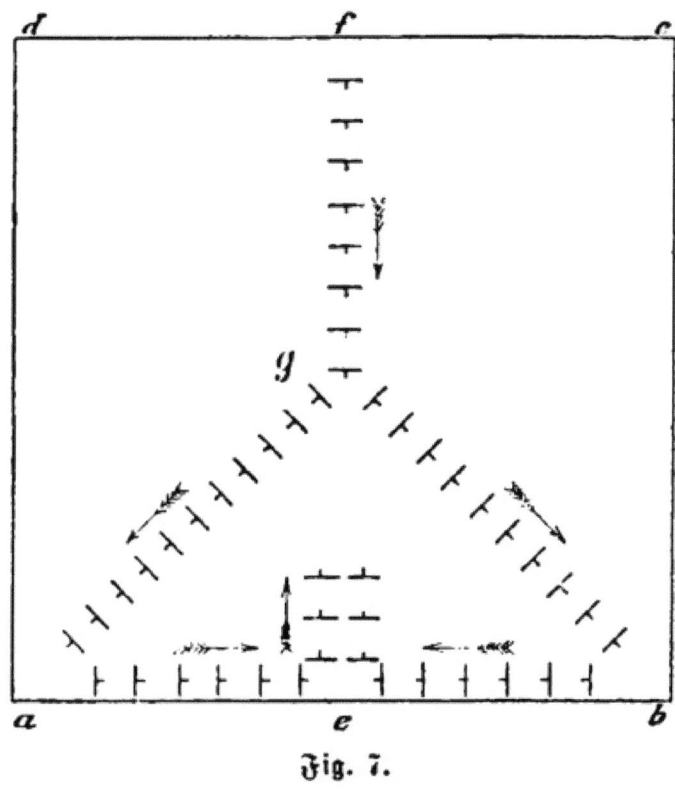

Fig. 7.

geraden einen Durchzug bis zur Mitte g zu machen.
Hierauf machen die Geraden einerseits und die Un=
geraden anderseits abermals einen Schrägzug, dies=
mal nach den Ecken a und b, und dann einen Um=
zug bis e (Fig. 7). Von e aus marschieren beide

10 Aufmärsche.

Reihen nebeneinander in der Richtung *eg* 4 Schritte, dann mit „Spitze nach außen schwenkt" wieder 4 Schritte und dann parallel ihrer alten Richtung so lange vorwärts, bis alle in der nunmehrigen Richtung marschieren, worauf alle Front nach innen nehmen und sich in der Linie selbst sowie mit ihren Gegenleuten ausrichten (Fig. 8). (Reigen VI, VII und XII.)

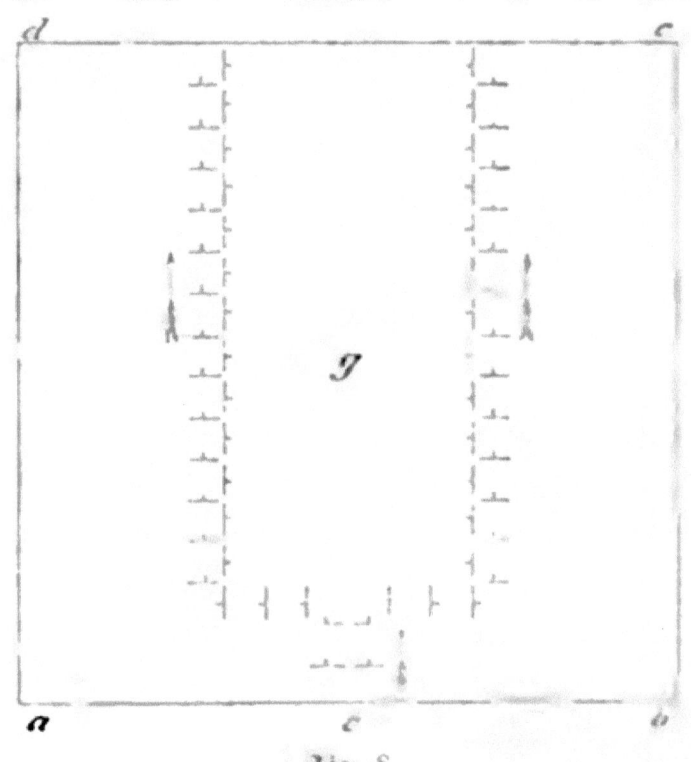

Fig. 8.

im Umzug nach *a*, die 2. Reihe im Umzug nach *b* marschiert. Nun folgt ein Schrägzug der 1. Reihe nach *c*, der 2. Reihe nach *d* mit Kreuzung beider

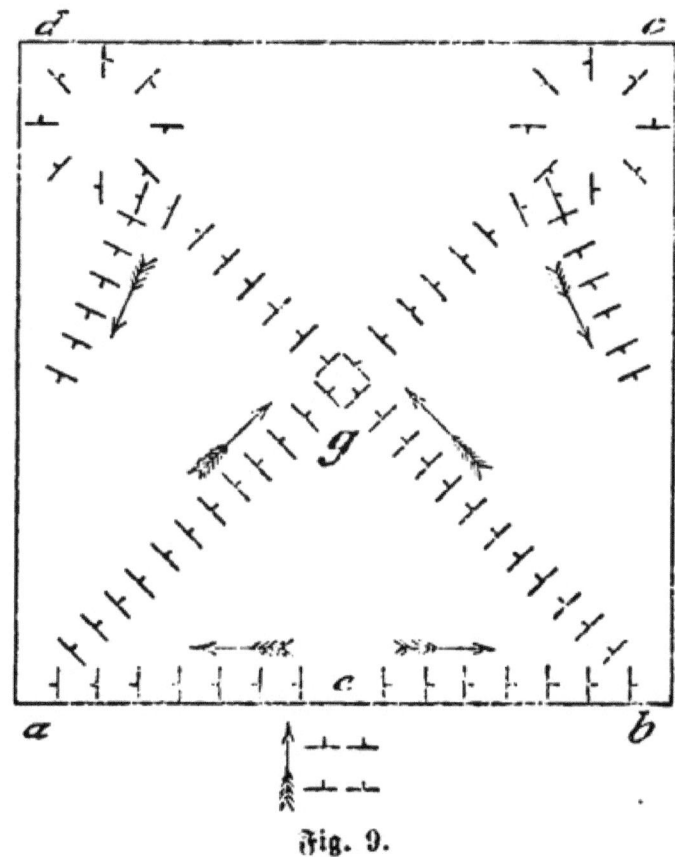

Fig. 9.

Reihen in der Mitte *g* (Fig. 9). An der Ecke angekommen, bildet jede Reihe eine Schleife*) nach

---

*) Es ist darauf zu halten, daß am Schnittpunkte der Schleife ein gehöriger Abstand gewahrt wird, damit jeder einzelne genug Raum zum Überschreiten dieses Punktes habe.

12 Aufmärsche.

außen (Fig. 9) und marschiert dann im Umzug in der 1. Reihe nach *b*, in der 2. nach *a*. Von diesem Punkte führt jede Reihe einen Schneckenzug nach innen aus (Fig. 10). Ist derselbe vollendet, so wird er durch Kehrtmachen in 4 Schritten aufgelöst,

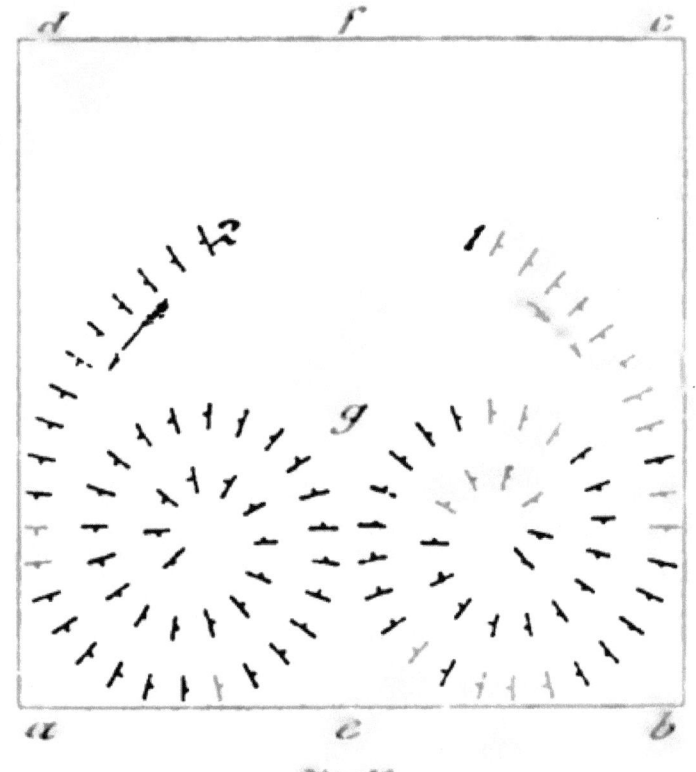

Fig. 10.

worauf sich die beiden nunmehrigen Führer in der Mitte *g* vereinigen, um nebeneinanderher nach *f* zu ziehen. Von *f* aus führt jede der beiden Reihen wieder einen Schneckenzug aus und zwar nach außen

Aufmärsche. 13

(Fig 11). Auch diese Schneckenlinie wird durch
Kehrtmachen in 4 Schritten aufgelöst, worauf die
1. Reihe einen Schrägzug nach a, die 2. Reihe einen
solchen nach b mit Kreuzung beider Reihen in der
Mitte ausführt. Beide Reihen ziehen darauf im

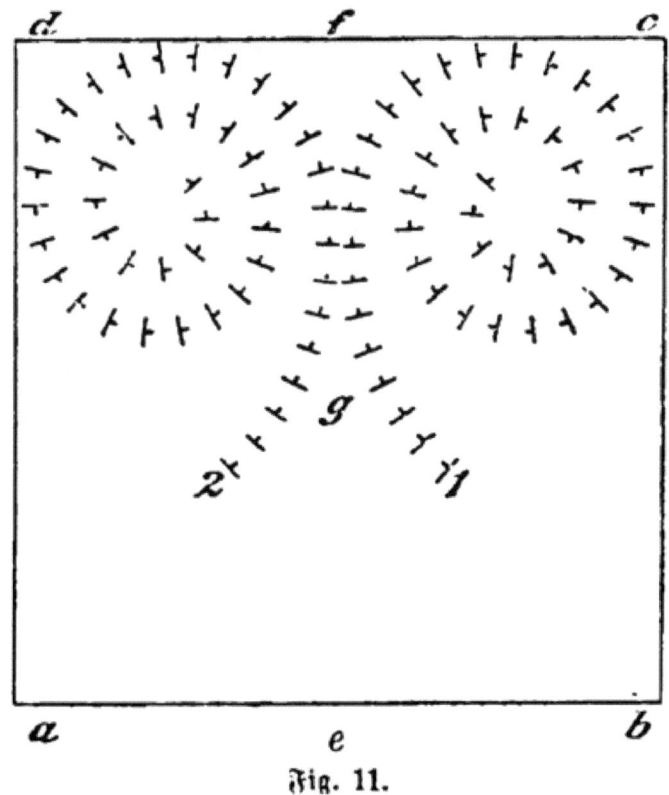

Fig. 11.

Umzug nach e. Von e aus marschieren beide Reihen
nebeneinander in der Richtung eg 4 Schritte, dann
mit „Spitze nach außen schwenkt" wieder 4 Schritte
und dann parallel ihrer alten Richtung so lange vorwärts, bis alle in dieser letzten Richtung marschieren,

14 Aufmärſche.

worauf alle Front nach innen nehmen und ſich in der Linie ſelbſt ſowie mit ihren Gegenleuten aus**richten** (Fig. 8). Reigen VI, VII und XII.

VI.

Von *e* bis *f* ziehen **die** Turner in doppelter Flankenreihe. Von *f* aus erfolgt von jeder Reihe ein Umzug und zwar von der einen über *d* und *a*

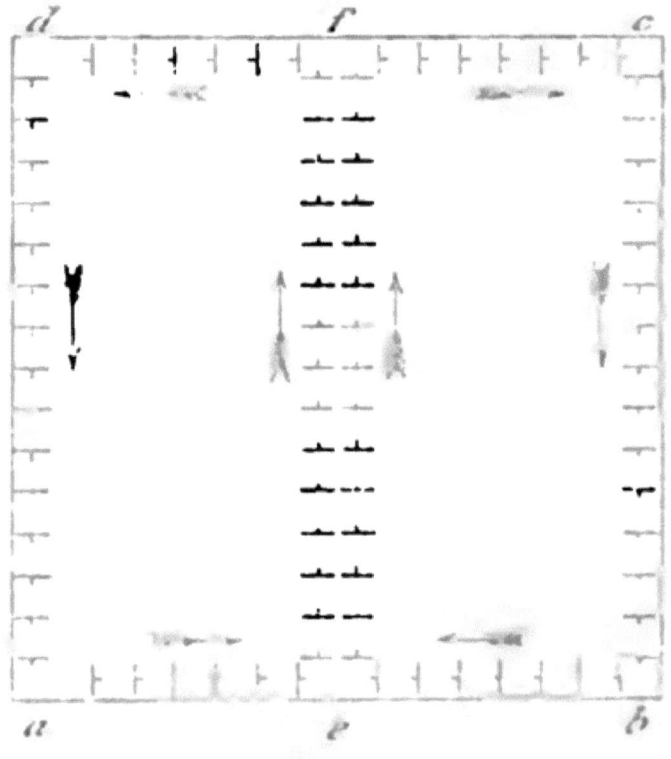

Fig. 12.

nach *e*, von der andern über *c* und *b* ebenfalls nach *e* (Fig. 12). In *e* treffen beide Reihen zu

Aufmärsche. 15

sammen. Nun erfolgt ein gegenseitiges Durch=
schlängeln der Reihen. Dabei weicht jeder Schüler
abwechselnd links und rechts aus, indem er dabei
dem Ausweichenden einmal die rechte und einmal
die linke Hand reicht (Fig. 13 a). Alsdann setzen
beide Reihen ihren Umzug fort, die eine über *b* und *c*

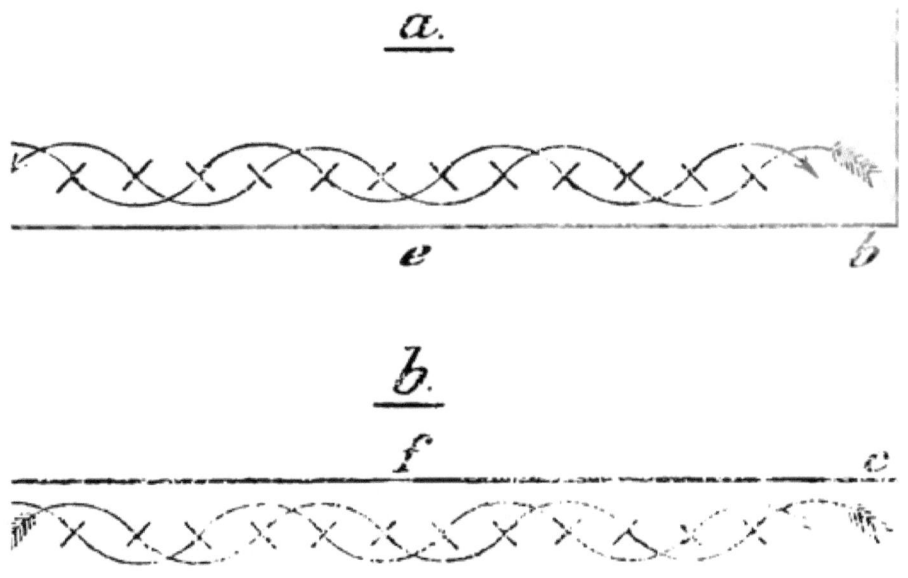

Fig. 13.

nach *f*, die andere über *a* und *d* ebenfalls nach *f*.
Jetzt findet zum zweiten Male ein Durchschlängeln
der beiden Reihen statt (Fig. 13 b), worauf letztere
ihren beiderseitigen Umzug bis *e* fortsetzen. Von *e*
aus marschieren beide Reihen gemeinschaftlich nach *f*,

16 Aufmärsche

um nun durch Nebenreihen von Nr. 2, 3 und 4 nach rechts resp. links eine Aufstellung in Frontreihen zu Achten mit 4 Schritten Abstand zu gewinnen (Fig. 14. (Reigen VIII und IX.)

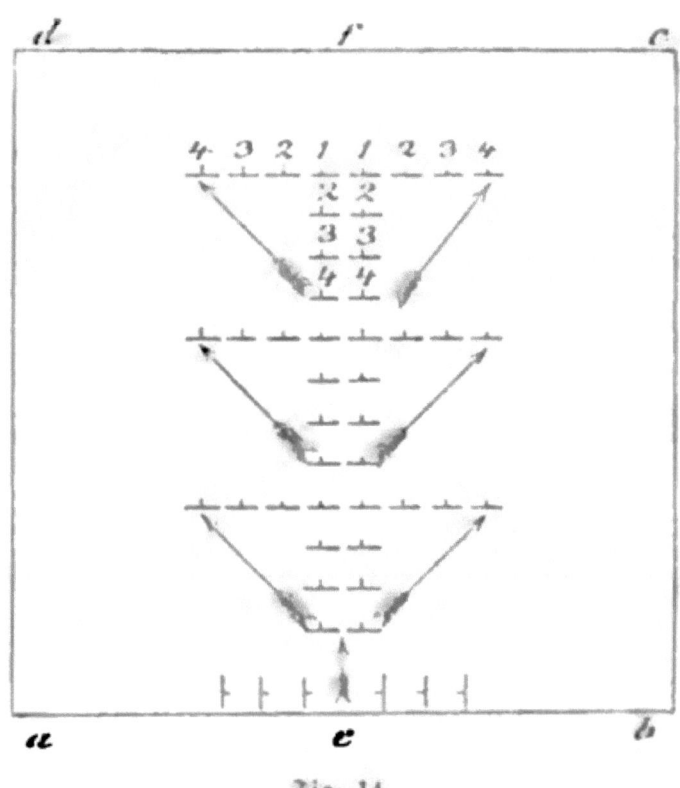

Fig. 14.

VII.

Die Flankenreihe der Turner verzweigt sich gleich bei e in 2 Flankenreihen, von denen die aus den Geraden gebildete nach h, die aus den Ungeraden

Aufmärsche. 17

gebildete nach *i* marschiert, dort eine Schleife bildet und nach *f* weiter zieht (Fig. 15). Indem nun die

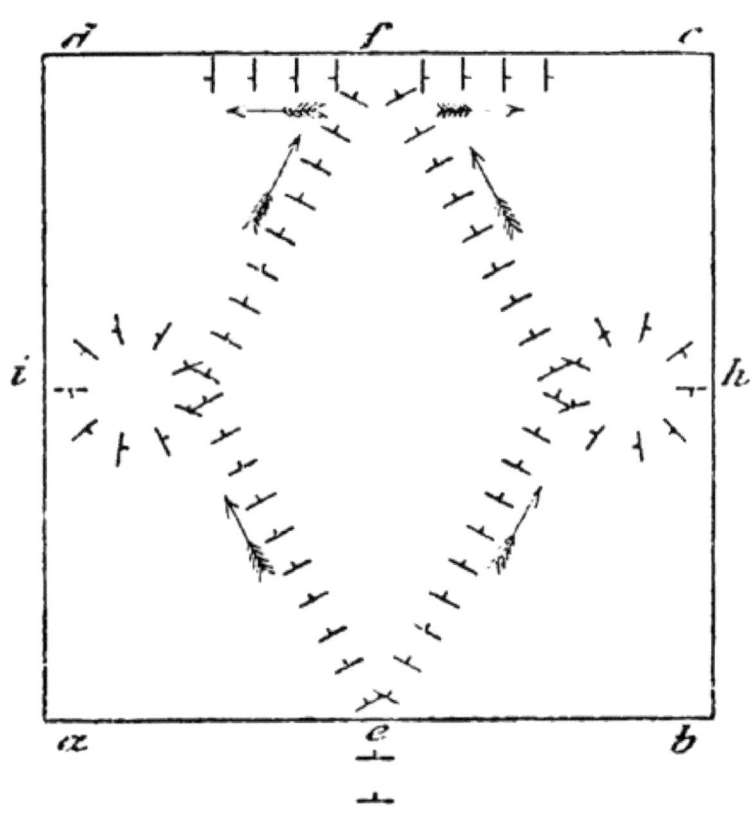

Fig. 15.

eine Reihe im Umzug über *d* und *a*, die andere im Umzug über *c* und *b* nach *e* gelangt, bildet sich jetzt eine doppelte Flankenreihe. Es findet nun eine

18 Aufmärsche.

Wiederholung des vorigen durch Paare (Fig. 16) statt, die nach ihrem schließlichen Zusammentreffen Frontreihen zu Vieren bilden, die nach f weiter

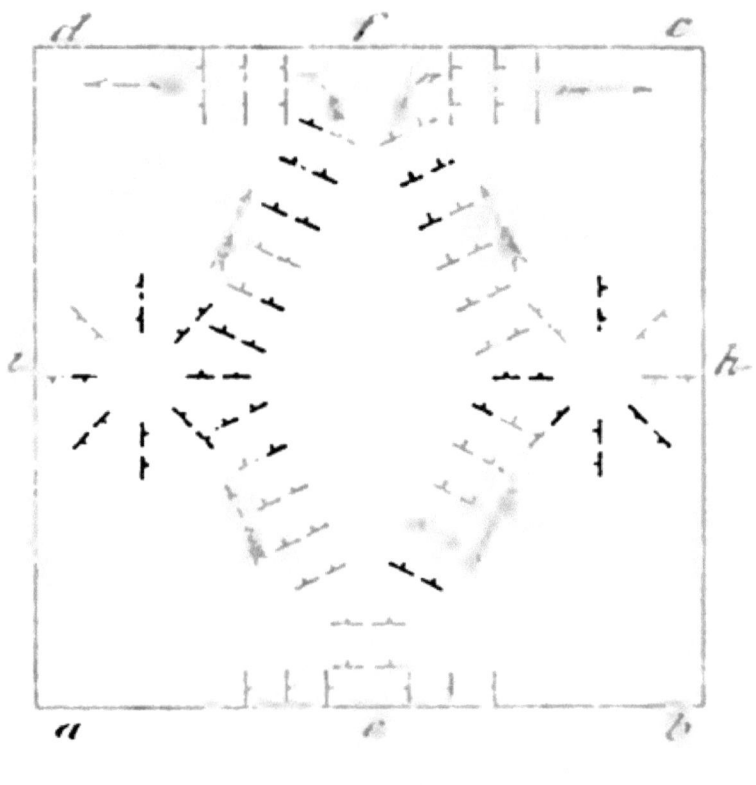

Fig. 16.

marschieren. Durch Nebenreihen der geraden Viererreihen bildet man alsdann Frontreihen zu Achten mit je 2 Schritten Abstand (Fig. 17). (Reihen X.)

Aufmärsche.

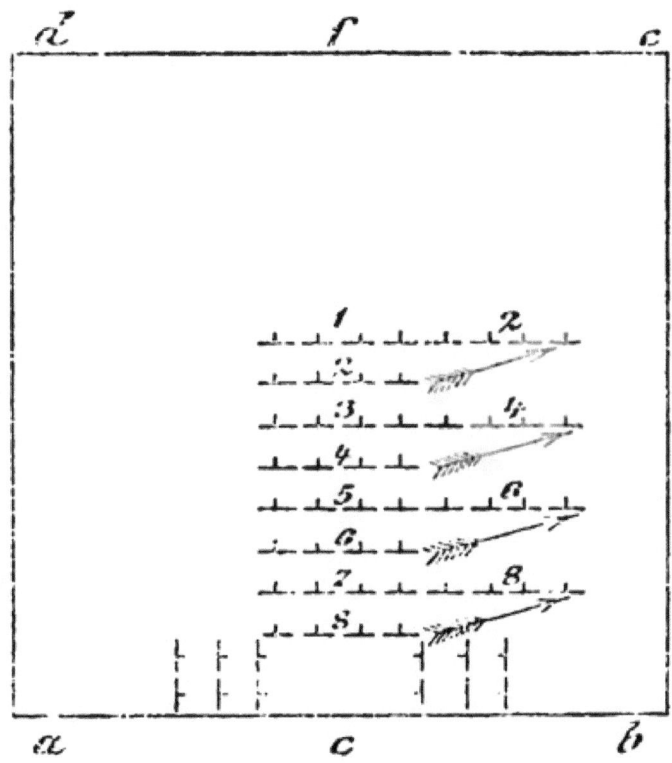

Fig. 17.

VIII.

Die Turner betreten in Viererreihen den Übungs=
platz bei *e* und marschieren so bis zur Mitte des=
selben *g*. Hier findet eine Teilung statt: die
1. Reihe marschiert im Schrägzug nach *a*, die 2.
nach *d*, die 3. nach *c* und die 4. nach *b*, wo als=
dann jede Reihe eine Schleife bildet (Fig. 18). Nun

20 Aufmärsche.

ziehen die 1. und 2. Reihe im Umzuge nach *i*, die 3. und 4. Reihe nach *h*, wo alsdann die ersten so lange auf der Stelle treten, bis auch die letzten die Schleife vollendet und sich eingereiht haben. Sobald

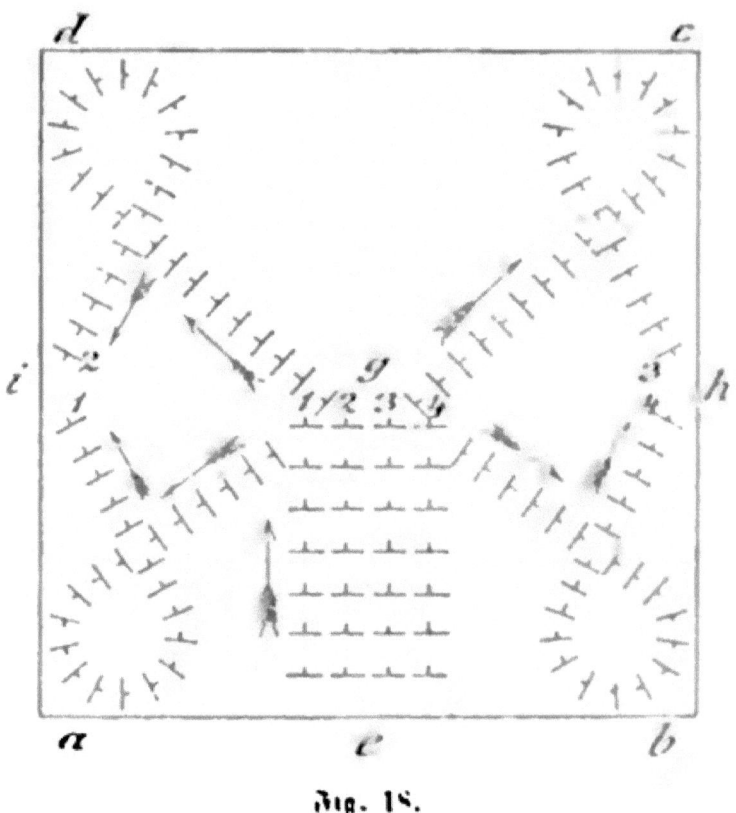

Fig. 18.

dies geschehen, kehren alle die Front nach innen und marschieren nun, sich dabei mit ihren Gegenleuten ausrichtend, in Frontlinie nach vorn, bis jede Reihe **mit der** ihr gegenüberstehenden Reihe zusammen-

Aufmärsche. 21

trifft, worauf alle wieder 6 Schritte rückwärts mar=
schieren (Fig. 19). Nun macht Reihe 2 eine Viertel

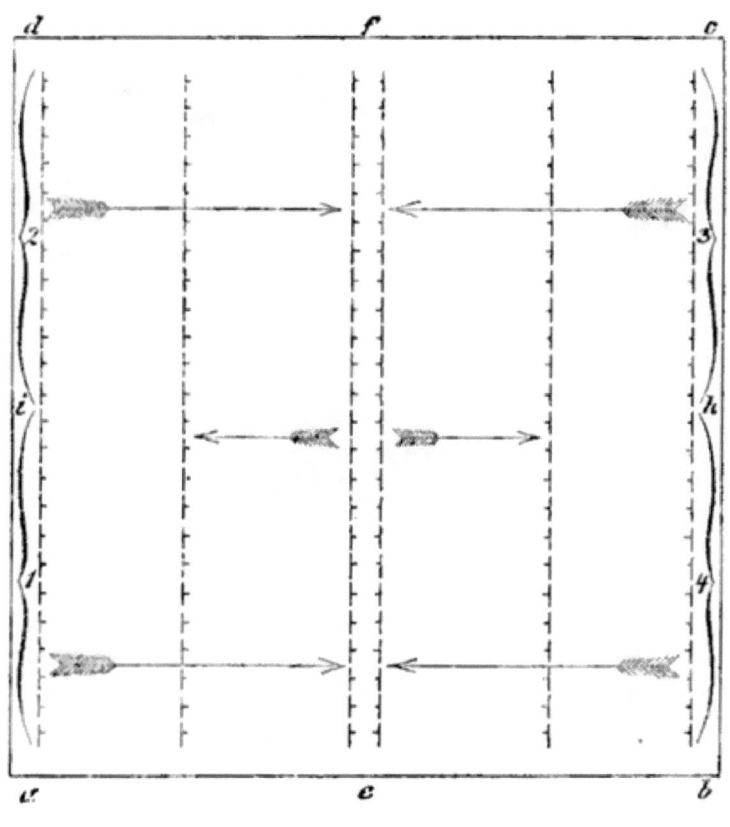

Fig. 19.

schwenkung um den linken Flügel nach vorn und
dann Kehrt, die 1. Reihe marschiert in die von
Reihe 2 verlassene Stellung und die 4. Reihe macht

22 **Aufmärſche.**

eine Viertelſchwenkung nach vorn um den rechten Flügel (Fig. 20), worauf jeder ſich mit ſeinem Gegenmanne ausrichtet.

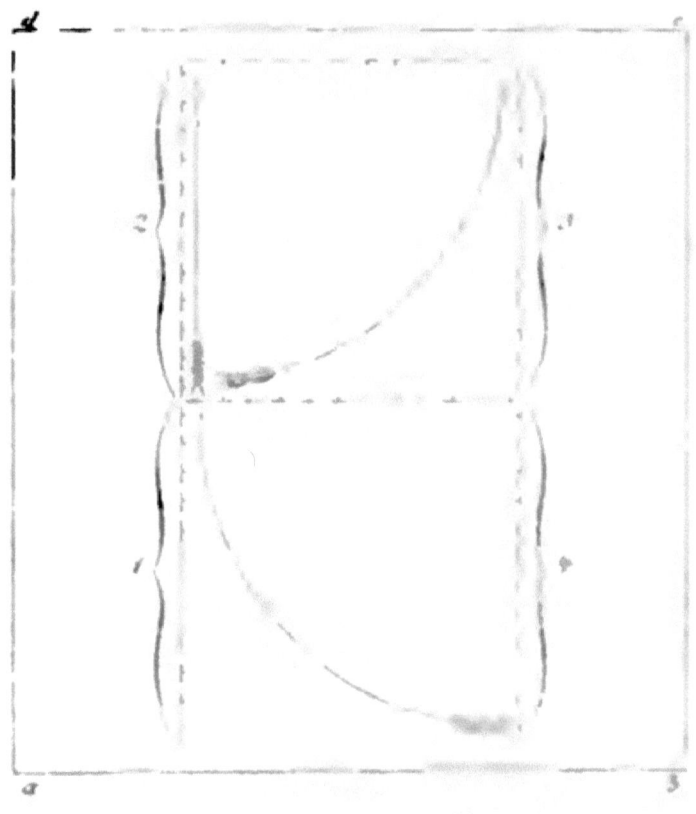

Fig. 20.

B. Reigen.

I.
Marschreigen.

Dieser Reigen kann von jeder beliebigen durch 8 teilbaren Anzahl von Turnern ausgeführt werden.

Aufstellung: Zweigliedrige Flankenreihe.

1) Gegenzug nach außen.
2) Gegenzug nach innen, wodurch die Paare wiederhergestellt werden.
3) Gegenzug zu Paaren, abwechselnd rechts und links.
4) Zu Vieren durch die Mitte.
5) Gegenzug zu Vieren, abwechselnd rechts und links.
6) In Achterreihen durch die Mitte.
7) Gegenzug der Viererreihen nach außen.
8) Die Viererreihen schwenken nach innen ein.
9) Gegenzug zu Paaren nach außen.
10) Die Paare schwenken nach innen ein.
11) Gegenzug nach außen.
12) Die Einzelnen schwenken nach innen ein.

Zu diesem Reigen kann jedes beliebige Marschlied gesungen werden. Unter Umständen kann auch dasselbe Lied wiederholt werden. Es lassen sich auch mehrere Lieder nacheinander singen. Ist eine Strophe eines Liedes beendet, so werden 4 Schritte ohne Gesang marschiert, worauf die folgende Strophe beginnt.

II.

Gangreigen.

Lied: Es braust ein Ruf wie Donnerhall.

Der Reigen ist ausführbar von jeder durch 4 teilbaren Anzahl von Turnern.

Aufstellung: Frontreihen zu Vieren mit je 4 Schritten Abstand zwischen zwei Gliedern. (Aufmarsch I.)

Vor jeder Strophe 4 Schritte Taktgehen auf der Stelle; mit dem 4. Schritte beginnt der Gesang.

                                                   Schritte

1) 4 Geschritt Nachstellgang links vorwärts.   8
2) 4 Geschritt Nachstellgang rechts vorwärts.   8
3) 8 Geschritt Kiebitzgang vorwärts, links und rechts im Wechsel.   16
4) Alle marschieren 8 Schritte vorwärts.   8
5) Alle marschieren 8 Schritte rückwärts.   8
6) 8 Geschritt Nachstellgang schräg vorwärts, abwechselnd immer 2 Geschritt links und 2 Geschritt rechts.   16
7) 4 Geschritt Nachstellgang links seitwärts.   8
8) 4 Geschritt Nachstellgang rechts seitwärts.   8

                          Summe 80.

III.

Ich hatt' einen Kameraden.

Der Reigen ist ausführbar von jeder durch 4 teilbaren Anzahl von Turnern.

Die Turner sind in Frontreihen zu Vieren mit je 4 Schritten Abstand zwischen den einzelnen Gliedern aufgestellt. (Aufmarsch I.)

Reigen.

Vor jeder Strophe 4 Schritte Taktgehen auf der Stelle; mit dem 4. Schritte beginnt der Gesang. Während der 4 Schritte auf der Stelle macht das 1. Paar jeder Viererreihe Kehrt.

Schr.

1) Die einzelnen Viererreihen kreisen mit „Mühle links" um ihre Mitte (mit Armeinhängen. 8

2) Alle machen mit 4 Schritten Kehrt. 4

3) Die einzelnen Viererreihen kreisen mit „Mühle rechts" um ihre Mitte (mit Armeinhängen). 8

4) Das 2. Paar jeder Viererreihe macht mit 4 Schritten Kehrt. 4

5) Die Ungeraden jeder Viererreihe marschieren 4 Schritte vor und wieder zurück, die Geraden 4 Schritte zurück und vor. 8

6) Die ungeraden Viererreihen machen eine ganze Schwenkung um den linken, die geraden eine ganze Schwenkung um den rechten Flügel nach vorn. 16

Summe 48.

Zu diesem Reigen kann auch gesungen werden:
1) Ich hab' mich ergeben.
2) Hinaus in die Ferne.
3) Vor allen Landen hochgeehrt.
4) Freudig grüßen wir dich alle.
5) Turner ziehn froh dahin.
6) Alle Vögel sind schon da. (Ohne Wiederholung eines Teiles.)

IV.
Ich hab' mich ergeben.

Beliebige Anzahl von Turnern, doch nicht über 72. Aufstellung: Dreigliedrige Flankenreihe. (Auf marsch!!)

Strophe 1.

4 Schritte Taktgehen auf der Stelle; mit dem 4. Schritte beginnt der Gesang. Schr

1) Das 1. Glied marschiert mit „Spitze links schwenkt", das 3. Glied mit „Spitze rechts schwenkt", das 2. Glied „gerade aus" 4 Schritte vorwärts. 4

2) Das 2. Glied marschiert 8 Schritte auf der Stelle. Das 1. Glied macht zweimal nacheinander mit „Spitze rechts schwenkt", das 3. Glied mit „Spitze links schwenkt" je 4 Schritte vorwärts. 8

3) Das 1. Glied marschiert mit „Spitze links schwenkt", das 3. Glied mit „Spitze rechts schwenkt", das 2. Glied „gerade aus" 4 Schritte vorwärts. 4

4) Siehe 1). 4

5) Siehe 2). 8

6) Das 1. Glied marschiert mit „Spitze links schwenkt", das 3. Glied mit „Spitze rechts schwenkt", das 2. Glied „gerade aus" 20 Schritte vorwärts. 20

Summe 48

Strophe 2.

Der Gesang beginnt mit dem 8. Schritte des Reigens.

1) Nachdem das 1. Glied links, das 3. rechts Schr. um gemacht hat, marschieren in jedem dieser Glieder zuerst die Ungeraden 6 Schritte vorwärts und wieder zurück, dann die Geraden 6 Schritte vorwärts und wieder zurück.

Nachdem alsdann das 1. Glied rechts, das 3. links um gemacht hat, marschieren beide Glieder, das 1. mit „Spitze links", das 3. mit „Spitze rechts schwenkt", 4 Schritte, dann, das 1. Glied mit „Spitze rechts", das 3. mit „Spitze links schwenkt", 8 Schritte und zum Schlusse, das 1. Glied mit „Spitze rechts", das 3. mit „Spitze links schwenkt", noch einmal 4 Schritte vorwärts. 40

Gleichzeitig marschiert das 2. Glied zuerst mit „Spitze links schwenkt" 4 Schritte, dann immer mit „Spitze rechts schwenkt" dreimal nach einander je 8 Schritte, einmal 4 Schritte und zum Schlusse noch einmal 8 Schritte vorwärts.

2) Das 1. Glied marschiert mit „Spitze links schwenkt", das 3. Glied mit „Spitze rechts schwenkt", das 2. Glied „gerade aus" 20 Schritte vorwärts. 20

(Die letzten 4 Schritte werden ohne Gesang gemacht.)

Summe 60.

Als 3. Strophe kann je nach Belieben die 1. oder auch die 2. Strophe des Reigens wiederholt werden.

Anmerkung: Auch zu diesem Reigen können alle ad III genannten Lieder gesungen werden.; (Je nach der Anzahl der Strophen, die von dem betreffenden Liede gesungen werden sollen, kann eine der beiden Strophen des Reigens, oder können auch beide wiederholt werden.)

V.
Schier dreißig Jahre bist du alt.

Der Reigen ist ausführbar von jeder durch 4 teilbaren Anzahl von Turnern.

Aufstellung: Viergliedrige Flankenreihe. Jeder hat von seinem Neben- und Vordermann je 2 Schritte Abstand. (Aufmarsch III.)

Vor jeder Strophe 4 Schritte Taktgehen auf der Stelle, mit dem 4. Schritte beginnt der Gesang.

Strophe 1.

Schr.

1) 6 Geschritt Nachstellgang schräg vorwärts, abwechselnd 2 links, 2 rechts und wieder 2 links   12

2) Taktgehen auf der Stelle   4

3) Die Geraden jedes Gliedes reihen sich ihren Vordermännern **vor**, rechts vorüber.   4

4) Die Ungeraden jedes Gliedes reihen sich ihren Vordermännern vor, links vorüber.   4

5) Die Geraden jedes Gliedes umkreisen die Ungeraden rechts vorn vorüber.   8

6) Die Ungeraden umkreisen die Geraden **links hinten** vorüber.   8

Summe 40.

Strophe 2.

Schr.

1) Die Ungeraden jedes Gliedes machen Kehrt.   4

2) Alle machen 4 Geschritt Nachstellgang links seitwärts.   8

3) Nr. 1 und 4 jeder Viererreihe wechseln ihre Plätze, indem Nr. 1 vor, Nr. 4 hinter Nr. 2 und 3 hergeht.   8

4) Taktgehen auf der Stelle.   4

5) Nr. 1 und 1 nehmen auf dieselbe Weise ihre Plätze wieder ein. `Schr. 8`
6) In jeder Viererreihe umkreist Nr. 2 die Nr. 1, Nr. 3 die Nr. 4 vorn vorüber. `8`

Summe 40.

Strophe 3.

1) Nr. 1 und 4 jeder Viererreihe umkreisen Nr. 2 und 3, Nr. 1 vorn, Nr. 4 hinten vorüber. `Schr. 16`
2) Taktgehen auf der Stelle. `4`
3) Nr. 2 und 3 umkreisen zuerst Nr. 1, dann Nr. 4, beide vorn vorüber. `16`
4) Alle machen Kehrt mit 4 Schritten. `4`

Summe 40.

Strophe 4.

1) Alle machen 4 Geschritt Nachstellgang links seitwärts. `Schr. 8`
2) Die Geraden jedes Gliedes machen Kehrt. `4`
3) Nr. 1 und 3 jeder Viererreihe setzen sich rechts neben Nr. 2 und 4 vorn vorüber. `4`
4) Nr. 2 und 4 jeder Viererreihe setzen sich rechts neben Nr. 1 und 3 hinten vorüber. `4`
5) Nr. 1 und 3 jeder Viererreihe umkreisen Nr. 2 und 4 rechts vorn vorüber. `8`
6) Taktgehen auf der Stelle. `4`
7) Nr. 2 und 4 jeder Viererreihe umkreisen Nr. 1 und 3 links hinten vorüber. `8`

Summe 40.

VI.

Stimmt an mit hellem, hohem Klang.

Der Reigen ist ausführbar von jeder durch 8 teilbaren Anzahl von Turnern.

Aufstellung: Zwei parallele Fronteihen mit 8 Schritten Abstand, die Front nach innen. Aufmarsch IV. und V.

Vor jeder Strophe 4 Schritte Taktgehen auf der Stelle; mit dem 4. Schritte beginnt der Gesang.

Strophe 1. Schr.

1) **Die** Geraden der 1. Reihe und die Ungeraden **der** 2. Reihe wogen 4 Schritte vor und zurück, **die** Ungeraden der 1. Reihe und die Geraden **der** 2. Reihe umgekehrt 4 Schritte zurück **und vor.** 8

2) **Die** Ungeraden **der** 1. Reihe und die Geraden **der** 2. Reihe wogen 4 Schritte vor und zurück, **die** Geraden der 1. und die Ungeraden der 2. Reihe umgekehrt 4 Schritte zurück und vor 8

3) Jede Viererreihe macht eine ganze Schwenkung, in Reihe 1 um den linken, in Reihe 2 um den rechten Flügel. 16

4) Beide Reihen machen Kehrt. 4

Summe 36

Strophe 2. Schr.

1) In jeder Achterreihe marschieren Nr. 1 und 8 2, Nr. 2 und 7 4, Nr. 3 und 6 6 und Nr. 4 und 5 8 Schritte zur Staffel vorwärts; dann machen alle 4 Schritte Taktgehen auf der Stelle und marschieren wieder zur Linie zurück (Fig. 21). 20

2) Beide Reihen machen Kehrt. 4

3) In jeder Achterreihe marschieren Nr. 1 und 8 1, Nr. 2 und 7 2, Nr. 3 und 6 3 und Nr. 4 und 5 4 Schritte zur Staffel vorwärts,

Reigen. 31

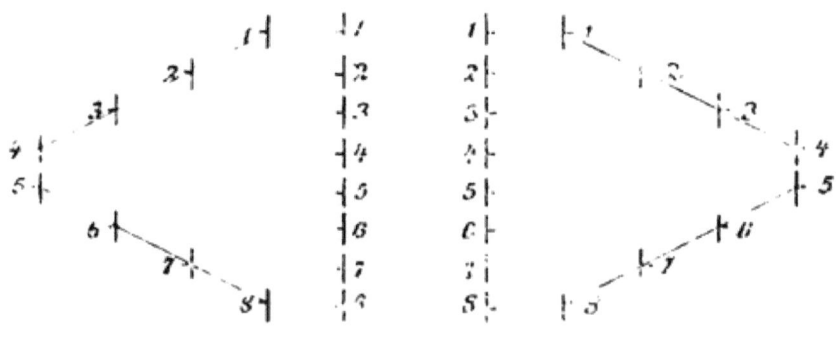

Fig. 21.

dann alle 4 Schritte auf der Stelle und wieder zur Linie zurück (Fig. 22).

Fig. 22.

Schr.

12

Summe 36.

Strophe 3.
Schr.

1) Jede Viererreihe macht eine Viertel= schwenkung nach vorn, in der einen Reihe um den linken, in der andern um den rechten Flügel.   4

2) Die geraden Ach= terreihen marschieren 4 Schritte vor, so daß sie unmittelbar hinter die ungeraden zu stehen kommen.   4

3) In jeder Achterreihe marschieren die Nr. 1 und 8 2, die Nr. 2 und 7 4, die Nr. 3 und 6 6, die Nr. 4 und 5 8 Schritte vorwärts (Fig. 23).   8

4) Alle machen Kehrt.   4

5) Siehe 3.)   8

6) Alle machen Kehrt. 1
7) Die geraden Achterreihen marschieren 4 Schritte rückwärts, während die Viererreihen der ungeraden Achterreihen eine Viertelschwenkung nach vorn um den äußeren Flügel machen. 4

Summe 36.

Fig. 23.

Strophe 4.

1) Die Viererreihen der ungeraden Achterreihen machen eine weitere Dreiviertelschwenkung **nach vorn**, während die geraden Achterreihen 8 Schritte vorwärts marschieren und dann in 4 Schritten Kehrt machen. 12
2) Die durch diese Bewegung zu ungeraden gemachten Achterreihen marschieren 4 Schritte vor, während die geraden mit 4 Schritten Kehrt machen. 4
3) Siehe 3) in Strophe 3. 8
4) Dieselbe Bewegung rückwärts. 8
5) Die Hälften der geraden Achterreihen machen eine Viertelschwenkung nach außen, während die ungeraden Achterreihen 4 Schritte rückwärts marschieren. 4

Summa 36.

Strophe 5.

1) Die Viererreihen der geraden Achterreihen machen eine weitere Dreiviertelschwenkung nach

Reigen. 33

vorn, während die ungeraden Achterreihen Schr.
8 Schritte vorwärts marschieren und dann
4 Schritte auf der Stelle machen. 12

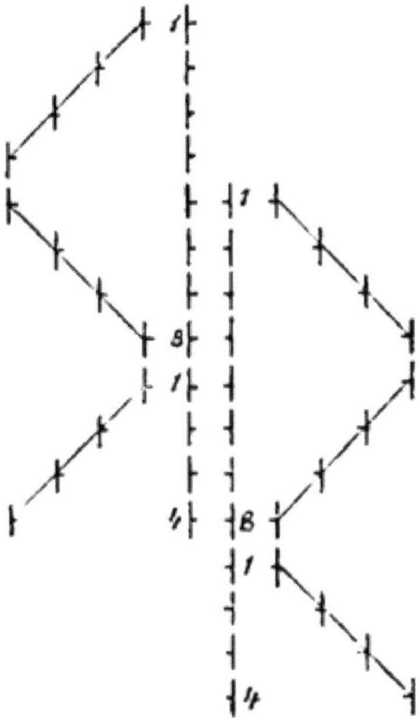

2) Die geraden Achterreihen machen eine Viertelschwenkung um den linken, die ungeraden eine Viertelschwenkung um den rechten Flügel nach vorn. 8

3) Alle machen kehrt. 4

4) Beide Reihen marschieren 4 Schritte vorwärts. 4

5) In jeder Achterreihe marschieren Nr. 1 und 8 1, Nr. 2 und 7 2, Nr. 3 und 6 3 und Nr. 4 und 5 4 Schritte zur Staffel rückwärts und wieder vor (Fig. 24). 8

Summe 36.

Fig. 24.

VII.
Nachtigall, Nachtigall 2c.
(Muß i denn, muß i denn.)

Der Reigen kann von jeder durch 8 teilbaren Anzahl von Turnern ausgeführt werden.

Aufstellung: Zwei parallele Frontreihen mit 8 Schritten Abstand, die Front nach innen. (Aufmarsch IV und V.)

Vor jeder Strophe werden 4 Schritte auf der Stelle gemacht, mit dem 4. Schritte beginnt der Gesang.

Strophe 1.

Schr.

1) Die Viererreihen machen eine Viertelschwenkung nach vorn, in Reihe 1 um den linken, in Reihe 2 um den rechten Flügel.   4

Die Anzahl der dadurch entstandenen Achterreihen wird in 2 Hälften oder in 2 Teile, von denen der eine eine Achterreihe mehr hat als der andere, geteilt.

2) Jede Achterreihe der 1. Hälfte marschiert 4 Schritte vorwärts, die ganze 2. Hälfte macht in 4 Schritten Kehrt.   4

Die Achterreihen jeder Hälfte werden von vorn nach hinten zu Zweien abgeteilt.

3) In den Achterreihen 1 machen die beiden Viererreihen eine ganze Schwenkung um den äußeren Flügel nach vorn.

Die Achterreihen 2 marschieren 16 Schritte vorwärts.   16

4) Dasselbe umgekehrt (siehe 9).   16

5) Die Achterreihen 1 machen eine Viertelschwenkung um den linken, die Achterreihen 2 eine Viertelschwenkung um den rechten Flügel nach vorn.

6) Taktgehen auf der Stelle.

7) Die Achterreihen 1 machen eine Viertelschwenkung um den linken, die Achterreihen 2 eine Viertelschwenkung um den rechten Flügel nach hinten.

8) Alle machen Kehrt mit 4 Schritten.   4

9) In den Achterreihen 2 machen die beiden Schr. Viererreihen eine ganze Schwenkung um die äußeren Flügel nach vorn.

Die Achterreihen 1 marschieren gleichzeitig 16 Schritte vorwärts. 16

10) Siehe 3). 16

11) Die 1. Hälfte macht mit 4 Schritten kehrt, die 2. Hälfte marschiert 4 Schritte vorwärts. 4

12) Die einzelnen Viererreihen machen eine Viertelschwenkung um ihre äußeren Flügel nach hinten. 4

13) Die geraden Viererreihen der einen und die ungeraden der andern Reihe wogen 4 Schritte vor und zurück, die andern umgekehrt 4 Schritte zurück und vor. 8

Summe 112.

Strophe 2.

Schr.

1) Alle machen mit 4 Schritten Kehrt. 4

2) Die zur 1. Hälfte gehörigen Viererreihen schwenken in Reihe 1 um den rechten, in Reihe 2 um den linken Flügel, die zur 2. Hälfte gehörenden in Reihe 1 um den linken, in Reihe 2 um den rechten Flügel nach vorn. 4

3) Die Viererreihen 1 machen eine ganze Schwenkung um den äußeren Flügel nach vorn.

Die Viererreihen 2 marschieren 16 Schritte vorwärts. 16

4) Die Viererreihen 2 machen eine ganze Schwenkung um den inneren Flügel nach vorn.

Die Viererreihen 1 marschieren 16 Schritte vorwärts. 16

5) Alle machen Kehrt. 4

6) Siehe 4).   16
7) Siehe 3).   16
8) Die 1. Hälfte macht mit 4 Schritten Kehrt, die 2. marschiert 4 Schritte vorwärts.   4
9) In beiden Kolonnen machen die ungeraden Viererreihen eine ganze Schwenkung um den linken, die geraden eine ganze Schwenkung um den rechten Flügel nach vorn.   16
10) Die Viererreihen der 1. Hälfte marschieren 4 Schritte vorwärts.   4
11) Die Viererreihen der linken Kolonne machen eine Viertelschwenkung um den rechten, die Viererreihen der rechten Kolonne eine Viertelschwenkung um den linken Flügel nach vorn.   4
12) Taktgehen auf der Stelle.   4
13) Die Viererreihen der linken Reihe machen eine Viertelschwenkung um den linken, diejenigen der rechten Reihe eine Viertelschwenkung um den rechten Flügel nach vorn.   4

Summe 112.

Strophe 3.

1) In den ungeraden Achterreihen reihen sich die beiden inneren Paare ihrem rechts resp. links benachbarten Paare neben und zwar vorn vorüber. Gleichzeitig reihen sich in den geraden Achterreihen die äußeren Paare ihren links resp. rechts benachbarten Paaren vor   4
2) Die Viererreihen der ungeraden Achterreihen kreisen mit „Mühle links" um ihre Mitte. Gleichzeitig marschieren die geraden Achterreihen 8 Schritte vorwärts.   8

3) In den ungeraden Achterreihen reihen Schr.
sich die beiden äußeren Paare ihren rechts resp.
links benachbarten Paaren neben und zwar
hinten vorüber. Alsdann reihen sich die nunmehr äußeren Paare ihren links resp. rechts
benachbarten Paaren vor.

In den geraden Achterreihen reihen sich die
vorderen Paare den hinter ihnen stehenden
Paaren links resp. rechts neben. Alsdann reihen
sich die beiden inneren Paare ihren rechts resp.
links benachbarten Paaren neben und zwar vorn
vorüber. 8

4) Die Viererreihen der geraden Achterreihen kreisen mit „Mühle links" um ihre Mitte.
Gleichzeitig marschieren die ungeraden Achterreihen 8 Schritte vorwärts. 8

5) In den geraden Achterreihen reihen sich
die beiden äußeren Paare ihren rechts resp.
links benachbarten Paaren neben.

In den ungeraden Achterreihen reihen sich
die vorderen Paare den hinter ihnen stehenden
Paaren rechts resp. links neben. 4

6) Alle machen Kehrt. 4

7) Man lasse das, was unter 1) den ungeraden Achterreihen vorgeschrieben ist, von den
geraden, das, was den geraden Achterreihen
gilt, von den ungeraden ausführen. 4

8) Siehe 4). 8

9) Man lasse das, was unter 3) den ungeraden Achterreihen vorgeschrieben ist, von den
geraden, das, was den geraden Achterreihen
gilt, von den ungeraden ausführen. 8

10) Siehe 2). 8

11) In den ungeraden Achterreihen reihen sich die beiden äußeren Paare ihren rechts resp. links benachbarten Paaren neben und zwar hinten vorüber. In den geraden Achterreihen reihen sich die hinteren Paare den vor ihnen stehenden Paaren rechts resp. links neben. 4

12) Alle machen Kehrt. 4

13) Die ungeraden Achterreihen machen eine ganze Schwenkung um den linken, die geraden Achterreihen eine ganze Schwenkung um den rechten Flügel nach vorn. 32

14) Die einzelnen Viererreihen machen eine Viertelschwenkung um den äußeren Flügel nach vorn und dann mit 4 Schritten Kehrt. 8

Summe 112.

VIII.
Nun ade, du mein lieb' Heimatland
oder:
Es braust ein Ruf wie Donnerhall. (Str. 1, 4 u. 5.)

Der Reigen kann von jeder durch 8 teilbaren Anzahl von Turnern ausgeführt werden.

Aufstellung: Hintereinanderstehende Achterreihen mit je 4 Schritten Abstand. (Aufmarsch VI.)

Vor jeder Strophe 4 Schritte Taktgehen auf der Stelle, mit dem 1. Schritte beginnt der Gesang.

Strophe 1.

In jeder Achterreihe ist zu Zweien abgezählt.

1) Nr 2 rechts nebengereiht vorn vorüber. 4
2) Nr. 1 rechts nebengereiht hinten vorüber. 4
3) Die Viererreihen machen eine halbe Schwenkung um die äußeren Flügel nach vorn. 8

Reigen.

	Schr.
4) Gegenzug nach innen in 40 Schritten.	40
5) Die Viererreihen machen eine Viertelschwenkung um den äußeren Flügel nach vorn.	4
6) Die Viererreihen machen eine ganze Schwenkung um den bisherigen inneren Flügel nach vorn.	16
7) Die Viererreihen machen eine Viertelschwenkung um den äußeren Flügel nach hinten.	4
Summe	80.

Strophe 2.

Fig. 25.

	Schr.
1) In den 1. Viererreihen jeder Achterreihe wogen Nr. 2 und 3 2 Schritte vor- und rückwärts. Gleichzeitig wogen in den 2. Viererreihen die Nr. 2 und 3 2 Schritte rück- und vorwärts (Fig. 25).	4
2) Dasselbe umgekehrt.	4
3) Die ungeraden Achterreihen machen eine halbe Schwenkung um den linken, die geraden Achterreihen eine halbe Schwenkung um den rechten Flügel nach vorn.	16
4) Die Achterreihen machen eine ganze Schwenkung um ihre Mitte nach rechts.	16
5) Die Achterreihen machen eine ganze Schwenkung um ihre Mitte nach links.	16
6) Die ungeraden Achterreihen machen eine halbe Schwenkung um den linken, die geraden Achterreihen eine halbe Schwenkung um den rechten Flügel nach vorn.	16

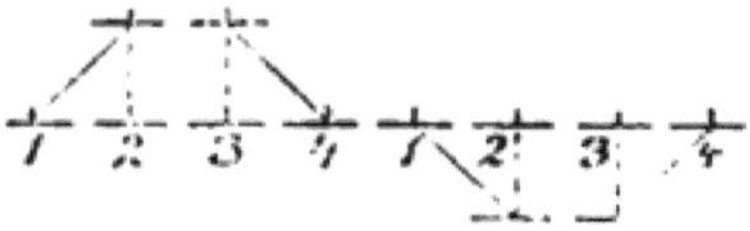

Reigen

7) Die Viererreihen kreisen mit „Mühle links" um ihre Mitte. (Zu dem Ende machen Nr. 3 und 4 in jeder Reihe Kehrt und kreisen dann mit Armeinhängen.)   Schr. 8

Summe 80

Strophe 3.

Schr.

1) Die Viererreihen machen eine Viertelschwenkung um den äußeren Flügel nach vorn.   4
2) Alle machen mit 4 Schritten Kehrt.   4
3) Die Ungeraden der linken Reihe und die Geraden der rechten Reihe wogen 4 Schritte vor und rückwärts, die Geraden der linken Reihe und die Ungeraden der rechten Reihe 4 Schritte zurück und vor.   8
4) Die Geraden der linken und die Ungeraden der rechten Reihe wogen 4 Schritte vor und rückwärts, die Ungeraden der linken und die Geraden der rechten Reihe 4 Schritte rück und vorwärts.   8
5) Alle machen mit 4 Schritten Kehrt.   4
6) Die einzelnen Viererreihen machen eine Dreiviertelschwenkung nach vorn, in der linken Reihe um den linken, in der rechten Reihe um den rechten Flügel.   12
7) Die beiden Flügel der Achterreihen schwenken zur Kreislinie nach vorn.   4

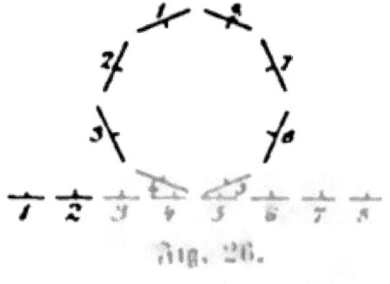

Fig. 26.

8) Taktgehen auf der Stelle   8

9) Die beiden Flügel schwenken zur geraden Schr.
Linie zurück. 4
10) Die ungeraden Achterreihen machen
Kehrt. 4
11) Die Flügel je einer geraden und einer
ungeraden Achterreihe schwenken zur gemein=
samen Kreislinie nach vorn (Fig. 27). 4

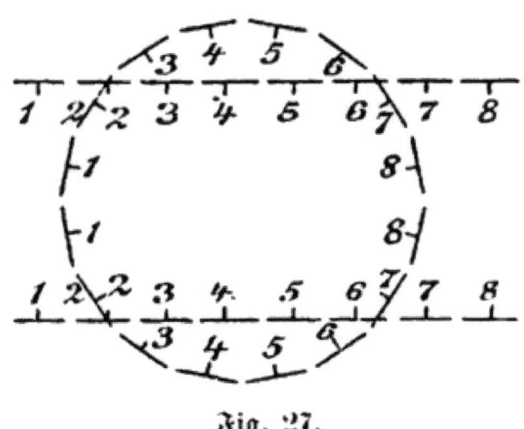

Fig. 27.

12) Taktgehen auf der Stelle. 8
13) Die Achterreihen schwenken zur geraden
Linie zurück. 4
14) Die geraden Achterreihen machen Kehrt. 4

Summe 80.

IX.

Auf, ihr Brüder, laßt uns wallen.

Der Reigen wird geschritten von 24 Turnern.
Aufstellung: 3 Glieder in Frontreihe mit je
4 Schritten Abstand. (Aufmarsch VI.)

Vor jeder Strophe 4 Schritte Taktgeben auf der Stelle, mit dem 4. Schritte beginnt der Gesang.

Strophe 3.

Schr.

1) Die 2. Viererreihe des 2. Gliedes und das 3. Glied machen mit 4 Schritten Kehrt.   4

2) Die Viererreihen des 2. Gliedes machen zunächst eine Viertelschwenkung um den linken, dann eine halbe Schwenkung um den rechten Flügel. (Dabei muß der Flügelmann, um den geschwenkt wird, um den betreffenden Flügel des 1. resp. 3. Gliedes herumgehen.) (Fig. 28 a — c.)

Im 1. und 3. Gliede marschieren die Nr. 1 und 8 1, die Nr. 2 und 7 2, die Nr. 3 und 6 3 und die Nr. 4 und 5 4 Schritte zur Staffel vorwärts, dann 4 Schritte auf der Stelle und wieder zurück.   12

3) Die Viererreihen des 2. Gliedes marschieren 8 Schritte vorwärts und machen dann eine halbe Schwenkung um den rechten Flügel (Fig. 28 c — e.)

Das 1. und 3. Glied machen mit 4 Schritten Kehrt. Alsdann marschieren die Nr. 1 und 8 4, die Nr. 2 und 7 3, die Nr. 3 und 6 2 und die Nr. 4 und 5 1 Schritt zur Staffel vorwärts, dann 4 Schritte auf der Stelle und wieder zurück.   16

4) Die Viererreihen marschieren 4 Schritte vorwärts und machen dann eine Viertelschwenkung um den linken Flügel (Fig 28 e — g), worauf die 1. Viererreihe Kehrt macht. Das 1. und 3. Glied marschieren 4 Schritte auf der Stelle, dann macht das 1. Glied mit 4 Schritten Kehrt   8

Reigen.

5) Alle drei Glieder machen eine Viertel-Schwenkung nach vorn, das 1. und 3. Glied um den rechten, das 2. um den linken Flügel, und wieder zurück.

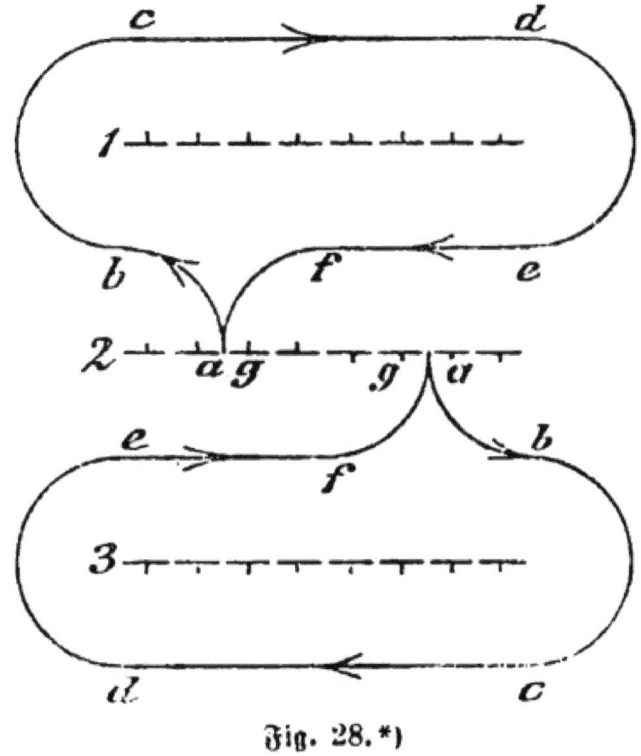

Fig. 28.*)

6) Die 2. Viererreihe des 3. Gliedes marschiert 4 Schritte rückwärts.

7) Die Viererreihen des 3. Gliedes machen eine Viertelschwenkung nach vorn, in der 1. um

---

*) Die mit Richtungspfeilen versehenen Linien bezeichnen den Weg, den die Mitte jeder Viererreihe zurücklegt.

44 Reigen.

den linken, in der 2. um den rechten Flügel. Sodann wieder eine Viertelschwenkung nach vorn, in der 1. Viererreihe um den rechten, in der

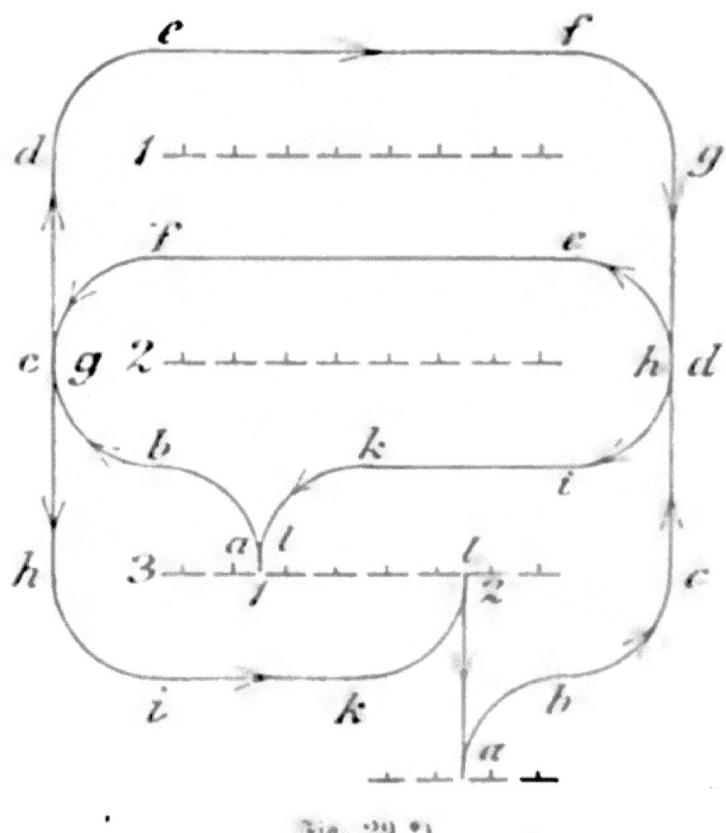

Fig. 29.*)

2. um den linken Flügel. Dann marschieren beide Viererreihen 4 Schritte vorwärts und

*) Die mit Richtungspfeilen versehenen Linien bezeichnen den Weg, den die Mitte jeder Viererreihe zurücklegt.

machen zum Schlusse wieder eine Viertel= Schr.
schwenkung nach vorn, in der 1. Viererreihe um
den rechten, in der 2. um den linken Flügel
(Fig. 29 a—e). Das 1. Glied macht eine Viertel=
schwenkung um den linken, das 2. Glied eine
Viertelschwenkung um den rechten Flügel nach
vorn und wieder zurück. 16

8) Die beiden Viererreihen des 3. Gliedes
marschieren 8 Schritte vorwärts (Fig. 29 e—f).
Das 1. und 2. Glied marschiert auf der Stelle. 8

9) Die Viererreihen des 3. Gliedes machen
eine Viertelschwenkung nach vorn, in der 1. Vierer=
reihe um den rechten, in der 2. um den linken
Flügel. Dann marschieren beide 4 Schritte vor=
wärts und machen dann wieder eine Viertel=
schwenkung nach vorn, in der 1. Viererreihe um
den rechten, in der 2. um den linken Flügel
(Fig. 29 f—i).
Gleichzeitig machen die Viererreihen des 1.
und 2. Gliedes eine halbe Schwenkung nach
vorn um den äußeren Flügel und marschieren
dann 4 Schritte auf der Stelle. 12

10) Die Viererreihen des 3. Gliedes mar=
schieren 4 Schritte vorwärts und machen dann
eine Viertelschwenkung nach vorn, beide um den
linken Flügel (Fig. 29 i—l). Die Viererreihen
des 1. und 2. Gliedes machen die halbe Schwenkung
zurück. 8

Summe 104.

Strophe 2.

Schr.

1) Das 1. und 2. Glied und die 2. Vierer=
reihe des 3. Gliedes machen mit 4 Schritten Kehrt. 4

2—6) Die beiden Viererreihen des 1. Gliedes Schr.
führen das aus, was in Strophe 1. 5—9 für
die Viererreihen des 3. Gliedes vorgeschrieben
ist, das 2. und 3. Glied das, was sich dort auf
das 1. und 2. Glied bezieht. 48

7. Das 2. und 3. Glied und die 1. Viererreihe des 1. Gliedes machen mit 4 Schritten Kehrt 4

8) Die beiden inneren Flügelleute der Viererreihen des 3. Gliedes marschieren 4 Schritte vorwärts, die andern von jeder Viererreihe dieses Gliedes, die rechts resp. links um gemacht haben, marschieren „in Reihen gesetzt" hinter ihnen her. Nun marschieren beide Viererreihen, die linke mit „Spitze halb links schwenkt", die rechte mit „Spitze halb rechts schwenkt", 4 Schritte, dann die linke Viererreihe mit „Spitze halb rechts schwenkt", die rechte mit „Spitze halb links schwenkt", wieder 4 Schritte und zum Schlusse, die linke Viererreihe mit „Spitze rechts schwenkt", die rechte mit „Spitze links schwenkt", noch einmal 4 Schritte vorwärts. 16

Im 2. Gliede umkreisen die beiden inneren Paare ihre rechts resp. links benachbarten Paare vorn vorüber in 8 Schritten und machen dann 8 Schritte auf der Stelle.

Das 1. Glied marschiert auf der Stelle.

9) Das 2. Glied ist jetzt zum 3., das 1. zum 2. und das 3. zum 1. geworden. Siehe 8). 16

10) Das 1. Glied ist jetzt zum 3., das 3. zum 2. und das 2. zum 1. geworden. Siehe 8). 16

Summe 104.

Als 3. Strophe kann nach Belieben die 1. oder auch die 2. Strophe des Reigens wiederholt werden

Reigen. 47

X.

Vor allen Landen hochgeehrt. (Str. 1, 2, 4 u. 7.)

Der Reigen wird geschritten von 32 Turnern.

Aufstellung: Viergliedrige Frontreihe mit je 2 Schritten Abstand zwischen 2 Gliedern. (Aufmarsch VII.)

Vor jeder Strophe 4 Schritte Taktgehen auf der Stelle, mit dem 4. Schritte beginnt der Gesang.

Strophe 1.

Schr.

1) Die Viererreihen des 1. und 4. Gliedes machen eine Viertelschwenkung um den äußeren Flügel, im 1. Gliede nach vorn, im 4. Gliede nach hinten.

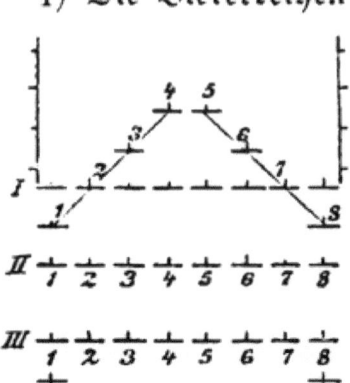

Im 2. und 3. Gliede marschieren Nr. 1 und 8 1, Nr. 2 und 7 2, Nr. 3 und 6 3 und Nr. 4 und 5 4 Schritte zur Staffel, im 2. Gliede nach vorn, im 3. Gliede nach hinten (Fig. 30). 4

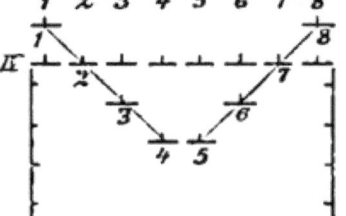

Fig. 30.

2) Taktgehen auf der Stelle. 8

3) Die Viererreihen des 1. und 4. Gliedes machen die Viertelschwenkung zurück. Auch die einzelnen Nummern des 2. und 3. Gliedes marschieren zur Linie zurück. 4

4) Die Viererreihen des 1. und 4. Gliedes machen eine Viertelschwenkung um den inneren Flügel, im 1. Gliede nach **vorn**, im 4. Gliede nach hinten.

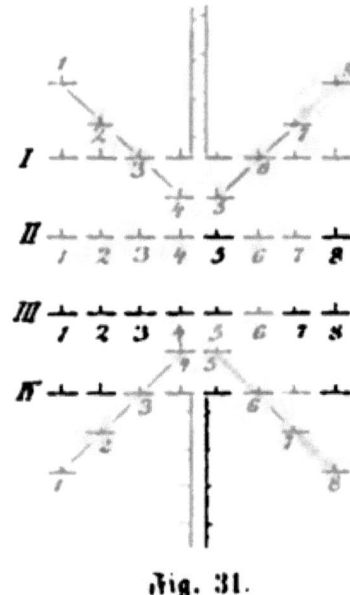

Fig. 31.

Im 2. und 3. Gliede marschieren die Nr. 1 und 8 4, die Nr. 2 und 7 3, die Nr. 3 und 6 2 und die Nr. 4 und 5 1 Schritt zur Staffel, im 2. Gliede nach vorn, im 3. nach hinten (Fig. 31). 4

5) Taktgeben auf der Stelle. 8

6) Die Bewegungen unter 4 zurück. 4

7) Das 1. und 3. Glied machen Kehrt. 1

8) Die Flügel je zweier einander gegenüberstehender Viererreihen schwenken nach vorn zum Kreise. 4

9) Taktgeben auf der Stelle. 4

10) Die Viererreihen schwenken zur geraden **Linie** zurück. 4

Summe 48.

Strophe 2.

1) Das 1. und das 3. Glied machen Kehrt. 1

2) In allen Gliedern marschieren die Nr. 1 und 8 2, die Nr. 2 und 7 4, die Nr. 3 und 6 6 und die Nr. 4 und 5 8 Schritte zur Staffel,

Reigen. 49

im 1. und 2. Gliede vorwärts, im 3. und 4. Gliede rückwärts (Fig. 32). Schr. 8

3) Taktgehen auf der Stelle. 8

4) Die Bewegungen unter 2) zurück. 8

5) In allen Gliedern marschieren die Nr. 1 und 8 8, die Nr. 2 und 7 6, die Nr. 3 und 6 4 und die Nr. 4 und 5 2 Schritte zur Staffel, im 1. und 2. Gliede vorwärts, im 3. und 4. Gliede rückwärts. 8

6) Taktgehen auf der Stelle. 4

7) Die Bewegungen unter 5) zurück. 8

Summe 48.

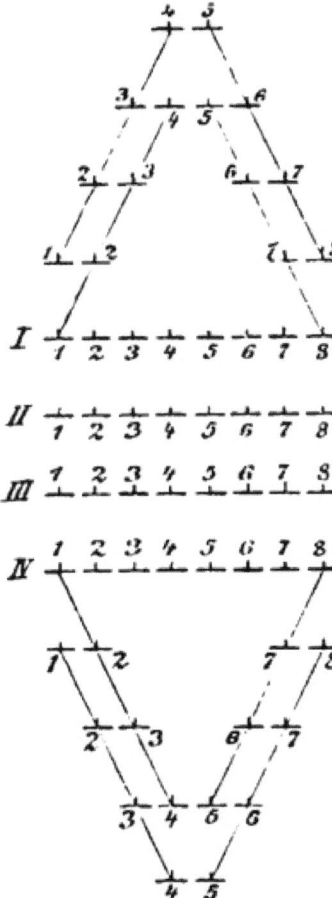

Fig. 32.

Strophe 3.

1) Im 1. und 4. Gliede umkreisen die die inneren Paare die benachbarten äußeren Paare vorn vorüber. Im 2. und 3. Gliede reihen sich die inneren Paare ihrem rechts resp. links benachbarten Paare neben und zwar vorn vorüber, die nunmehr inneren Paare thun alsdann dasselbe. 8

Franzmann, Turnreigen u. Aufmärsche. 4

2) Die Viererreihen des 3. Gliedes machen Schr.
Kehrt, die andern marschieren auf der Stelle.

3) In den Viererreihen des 1. und 4. Gliedes
marschieren die Nr. 1 1, **die** Nr. 2 2, die Nr. 3
3, die Nr. 4 4 Schritte zur Staffel, im 1 Gliede
nach **vorn**, im 3. Gliede nach hinten, dann
8 Schritte auf der Stelle und wieder zurück.

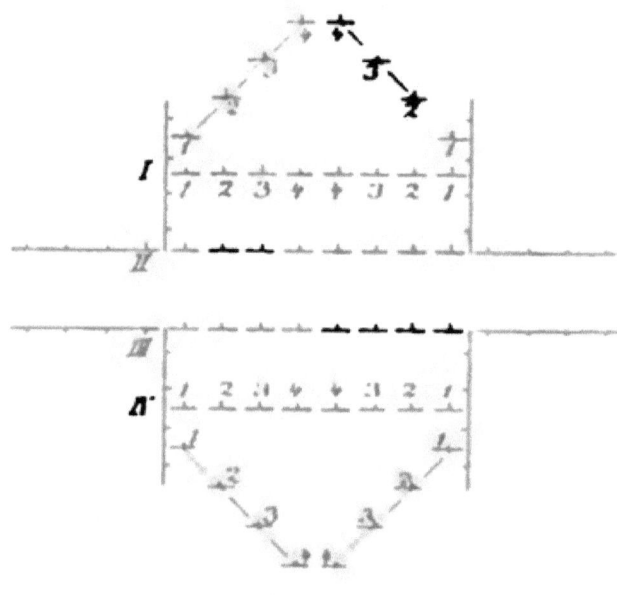

Fig. 33.

Die Viererreihen des 2. und 3. Gliedes
machen eine Viertelschwenkung um den inneren
Flügel nach vorn und marschieren dann 12 Schritte
auf der Stelle (Fig. 33).

4) In den Viererreihen des 1 und 4 Gliedes
marschieren die Nr. 1 4, die Nr. 2 3, die Nr. 3

Reigen. 51

2 und die Nr. 1 1 Schritt zur Staffel, im 1. Gliede vorwärts, im 4. Gliede rückwärts. Schr.

Die Viererreihen des 2. und 3. Gliedes marschieren gleichzeitig 4 Schritte vorwärts (Fig. 34). 4

5) Taktgehen auf der Stelle. 8

6) Die Viererreihen des 1. und 4. Gliedes machen die Bewegung unter 4) zurück, die Viererreihen des 2. und 3. Gliedes machen eine Viertelschwenkung um den inneren Flügel nach hinten. 4

7) Taktgehen auf der Stelle. 4

Summe 48.

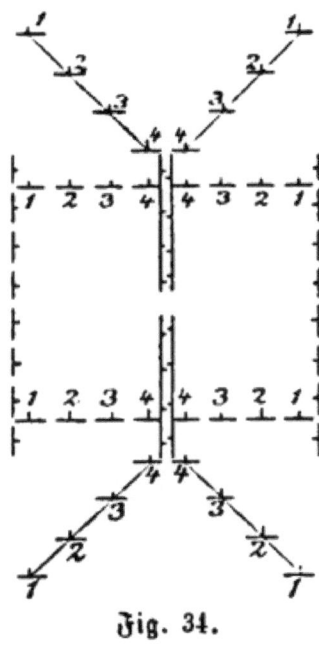

Fig. 34.

Strophe 4.

Schr.

1) Das 1. Glied marschiert 2 Schritte vor, macht 2 Schritte auf der Stelle und dann in 4 Schritten Kehrt.

Das 4. Glied marschiert 2 Schritte zurück und dann 6 Schritte auf der Stelle.

Die Viererreihen des 2. und 3. Gliedes machen eine halbe Schwenkung nach vorn um die äußeren Flügel. 8

2) Im 1. und 4. Gliede marschieren die Nr. 1 und 8 1, die Nr. 2 und 7 2, die Nr. 3

und 6 3 und die **Nr. 4 und 5** 4 Schritte zur Schr.
Staffel vorwärts.

Gleichzeitig bilden je 2 einander gegenüber
stehende Viererreihen nach vorn einen Kreis
(Fig. 35).   4

3) Taktgehen auf der Stelle.   8
4) Die Bewegungen unter 2) zurück.   4
5) Taktgehen auf der Stelle.   8

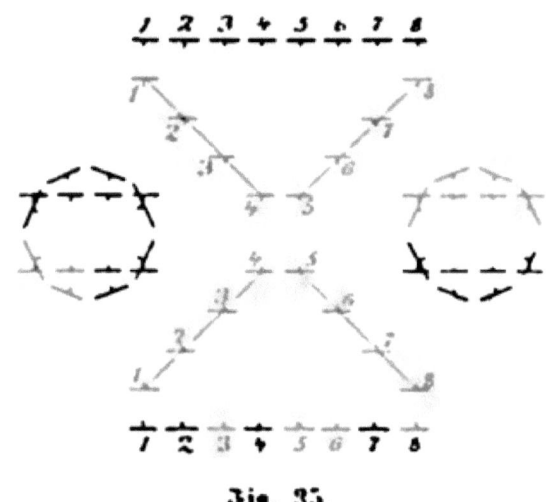

Fig. 35.

6) Das 1. Glied macht mit 4 Schritten Kehrt,
marschiert 2 Schritte auf der Stelle und dann
2 Schritte rückwärts. Das 4 Glied marschiert
6 Schritte auf der Stelle und dann 2 Schritte
vorwärts.

Die Viererreihen des 2. und 3. Gliedes
machen eine halbe Schwenkung um die inneren
Flügel nach hinten.   8

Reigen.

7) Das 3. Glied macht Kehrt, die andern Schr.
4 Schritte auf der Stelle.   4

8) Die äußeren Paare reihen sich ihren benachbarten inneren Paaren vor.   4

Summe 48.

XI.
Deutschland, Deutschland, über alles.

Zur Ausführung dieses Reigens sind 48 Turner
erforderlich.

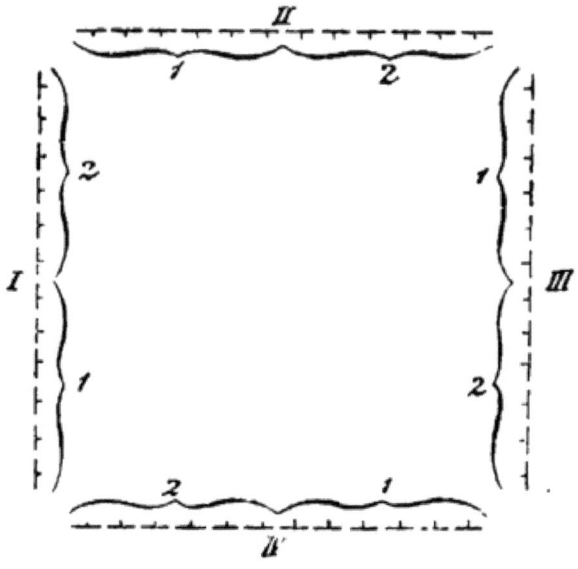

Fig. 36.

Aufstellung: 4 Zwölferreihen in Karreeform, die
Front nach innen. Zwischen je 2 Flügeln sind
2 Schritte Abstand (Fig. 36). (Aufmarsch VIII.)

Vor jeder Strophe werden 4 Schritte auf der Stelle marschiert, mit dem 3. Schritte beginnt der Gesang.

Strophe 1.

1) Die mit 1 bezeichneten Sechserreihen marschieren 6 Schritte vor und dann 2 Schritte auf der Stelle, die mit 2 bezeichneten machen mit 4 Schritten Kehrt und dann 4 Schritte auf der Stelle.

2) Alle Sechserreihen machen eine ganze Schwenkung nach vorn, die mit 1 bezeichneten um ihren inneren, die mit 2 bezeichneten um ihren äußeren Flügel (Fig. 37).

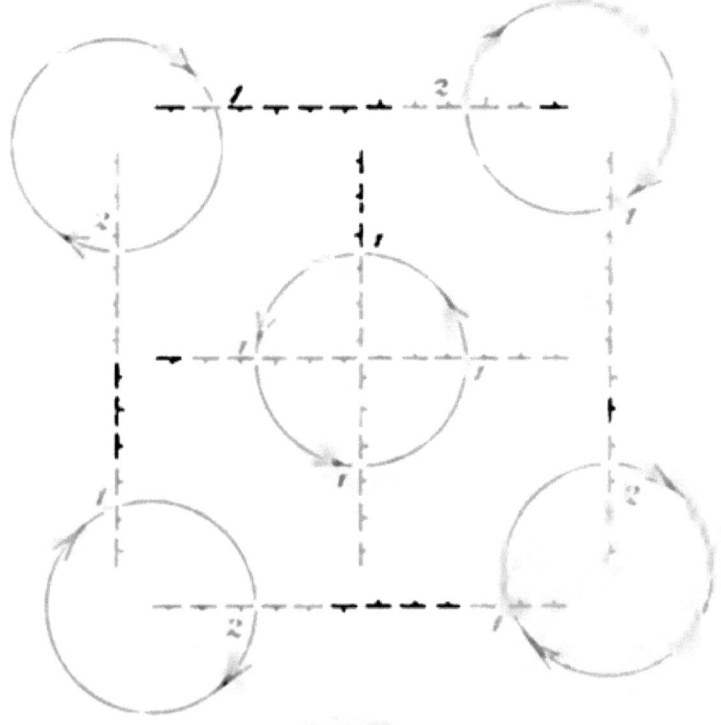

Fig. 37.

Reigen. 55

3) Die mit 1 bezeichneten Sechserreihen Schr. marschieren 6 Schritte zurück, dann 2 Schritte auf der Stelle, die mit 2 bezeichneten machen mit 4 Schritten Kehrt und dann 4 Schritte auf der Stelle. 8

4—6) Was unter 1—3) für die mit 1 bezeichneten Sechserreihen vorgeschrieben ist, gilt hier für die mit 2 bezeichneten und umgekehrt. 40

Summe 80.

Strophe 2.

1) In den Zwölferreihen I und III marschieren Nr. 1 und 12 1, Nr. 2 und 11 2, Nr. 3 und 10 3, Nr. 4 und 9 4 ꝛc. und Nr. 6 und 7

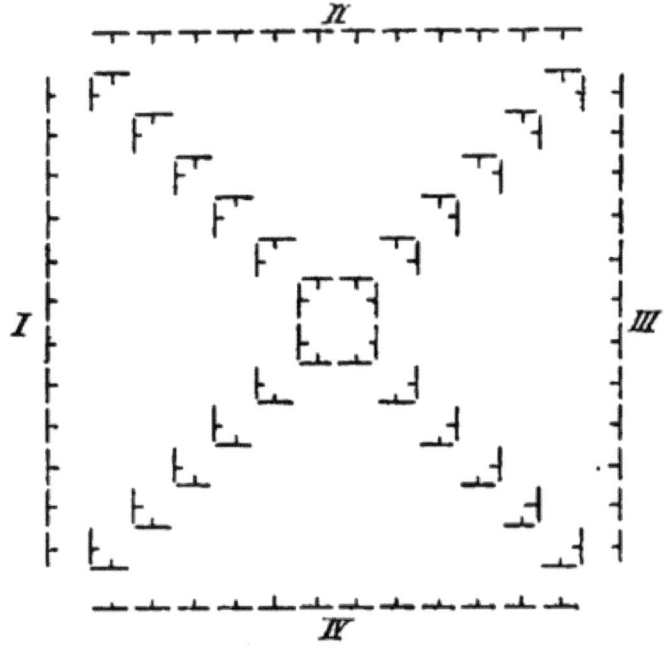

Fig. 38.

6 Schritte zur Staffel vorwärts, dann 4 Schritte Schr.
auf der Stelle und wieder zurück. 16

2) Die Zwölferreihen II und IV dasselbe. 16

3) Was unter 1) für die Zwölferreihen I
und III vorgeschrieben ist, gilt jetzt für alle
(Fig. 38). 16

4. In jeder Zwölferreihe marschieren Nr. 1
und 12 1, Nr. 2 und 11 2 2c. und Nr. 6 und 7
6 Schritte zur Staffel, in den Zwölferreihen I
und III vorwärts, in den Zwölferreihen II
und IV rückwärts, dann alle 4 Schritte auf der
Stelle und wieder zur Linie zurück resp. vor. 16

5) Die Zwölferreihen II und IV schreiten
nun zur Staffel vorwärts, die Zwölferreihen I
und III rückwärts, sonst wie bei 4). 16

Summe 80.

Strophe 3.

Schr.

1) Alle machen mit 4 Schritten Kehrt. 4

2) In jeder Zwölferreihe marschieren die
Nr. 1 und 12 2, die Nr. 2 und 11 4, die Nr. 3
und 10 6 2c. und die Nr. 6 und 7 12 Schritte
zur Staffel vorwärts. 12

3) Taktgehen auf der Stelle. 8

4) Alle marschieren zur Linie zurück. 12

5) Taktgehen auf der Stelle. 4

6) Die einzelnen Sechserreihen machen eine
Achtelschwenkung nach vorn um den äußeren
Flügel. 4

7) Taktgehen auf der Stelle. (Dabei wird ein
regelmäßiger Abstand zwischen den einzelnen
Sechserreihen hergestellt) (Fig. 39). 4

Reigen. 57

8) In jeder Sechserreihe marschieren die Schr.
Nr. 1 und 6 2, die Nr. 2 und 5 4 und die
Nr. 3 und 4 6 Schritte zur Staffel vorwärts
(Fig. 39), dann 8 Schritte auf der Stelle und
wieder zur Linie zurück. 20)

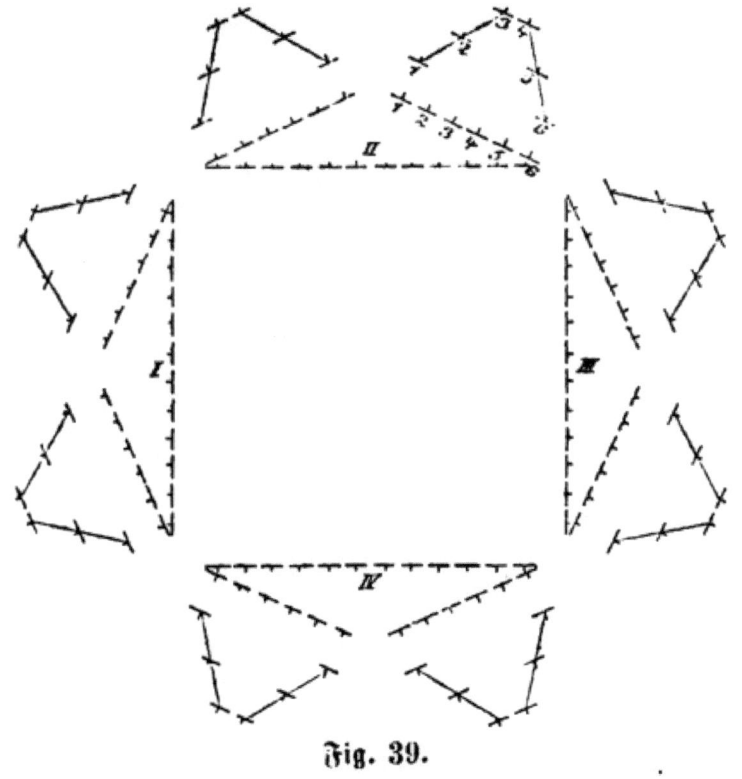

Fig. 39.

9) Alle machen mit 4 Schritten Kehrt.   4
10) Taktgehen auf der Stelle.   4
11) Die Sechserreihen machen eine Achtel=
schwenkung um den äußeren Flügel nach vorn. 4
                                    Summe 80.

XII.
Sedanreigen.
Der Schmied von Sedan.

1. Wer ist's, der geschmiedet den Eisenring, die Feinde in Ketten zu bannen, im eisernen Netze den Kaiser fing mit
2. Wer ist's, der geschmiedet den goldnen Ring, der Deutschlands Söhne verbunden, daß Norden und Süden vereinigt ging in
3. Nun gilt es zu schmieden den dritten Ring, den güldenen Reif zur Krone. Dem Haupte des greisen Ritters blinkt die

Reigen.

1. hun-dert-tau-send Mannen? Von Preußenland, gar wohl be-kannt, Held Wil-helm mit der Ei-sen-hand; er schlägt so kühn, daß Flam-men sprühn, den Schmied von Se-dan
2. trüben und schwe-ren Stunden? Des Königs Hand von Preu-ßen-land, Held Wil-helm mit der deut-schen Hand; er schü-ret gut: Zu heil-ger Glut ent-flammt er rings das
3. Krone des Kai-sers zum Loh-ne! Den Hammer sandt uns Bai-er-land und Wür-tem-berg den Feu-er-brand: Den Am-bos her vom Fels zum Meer! Nun schmie-det all' zu

Reigen. 61

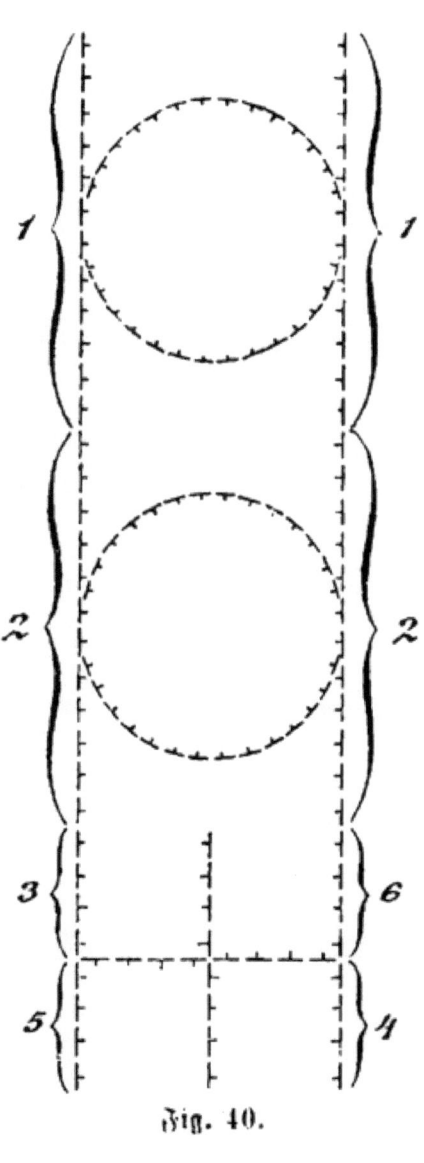

Fig. 40.

Zur Ausführung dieses Reigens (A) sind 48 Turner erforderlich. Können sich 64 Turner beteiligen, so tritt noch B zu A hinzu.

Aufstellung: Zwei parallele Frontreihen mit 8 Schritten Abstand, die Front nach innen. (Aufmarsch IV und V.)

Vor jeder Strophe werden 4 Schritte auf der Stelle marschiert, mit dem 4. Schritte beginnt der Gesang, ausgenommen die 1. Strophe, bei welcher erst mit dem 4. Schritte des Reigens selbst der Gesang beginnt.

Strophe 1.

1) A. Die mit Schr. 1 und 2 bezeichneten Zwölferreihen schwenken mit 8 Schritten nach vorn zum Kreise (Fig. 40). 8

B. Die Viererreihen 3 und 4 machen eine Vier-

telschwenkung nach vorn um den rechten Flügel Schr
und wieder zurück (Fig. 40). (8)

2) A. Die mit 1 und 2 bezeichneten Zwölferreihen schwenken zur geraden Linie zurück. 8

B. Die **Viererreihen** 5 und 6 marschieren
4 Schritte vor und zurück (Fig. 40). (8)

3) A. Die mit 1 bezeichneten Sechzehnerreihen (Fig. 41) machen Kehrt*) und marschieren
4 Schritte vorwärts. Alsdann wogen die Ungeraden dieser Reihen 6 Schritte vor- und rückwärts, die Geraden 6 Schritte rück- und vorwärts.

**Die Achterreihen 2 und 2a machen Kehrt*),
marschieren** 4 **Schritte vorwärts und machen
dann wieder Kehrt in** 4 Schritten. Alsdann
machen beide eine Viertelschwenkung nach vorn,
die Achterreihe 2 um den linken, die Achter-
reihe 2a um den rechten Flügel (Fig 41). 16

B. **Die Viererreihen** 3 und 4 machen eine
Viertelschwenkung nach vorn um den rechten
Flügel, die Viererreihen 5 und 6 marschieren
4 Schritte vorwärts. (4)

Beide dadurch entstandenen Achterreihen
machen eine ganze Schwenkung um ihre Mitte
nach links. (16)

4) A. Die Sechzehnerreihe 1 macht eine
Achtelschwenkung um den linken, die Sechzehnerreihe 1a eine Achtelschwenkung um den rechten
Flügel nach vorn. In der doppelten Achterreihe 2 marschieren die Nr 1 1, Nr. 2 2, Nr 3

---

*) Die Wendung wird in diesem Falle auf der Spitze des
rechten Fußes gemacht, der linke Fuß schreitet gleich in entgegen-
gesetzter Richtung einen Schritt vorwärts.

Reigen.   63

3 ꝛc. und Nr. 8 8 Schritte zur Staffel vor- Schr.
wärts.   8

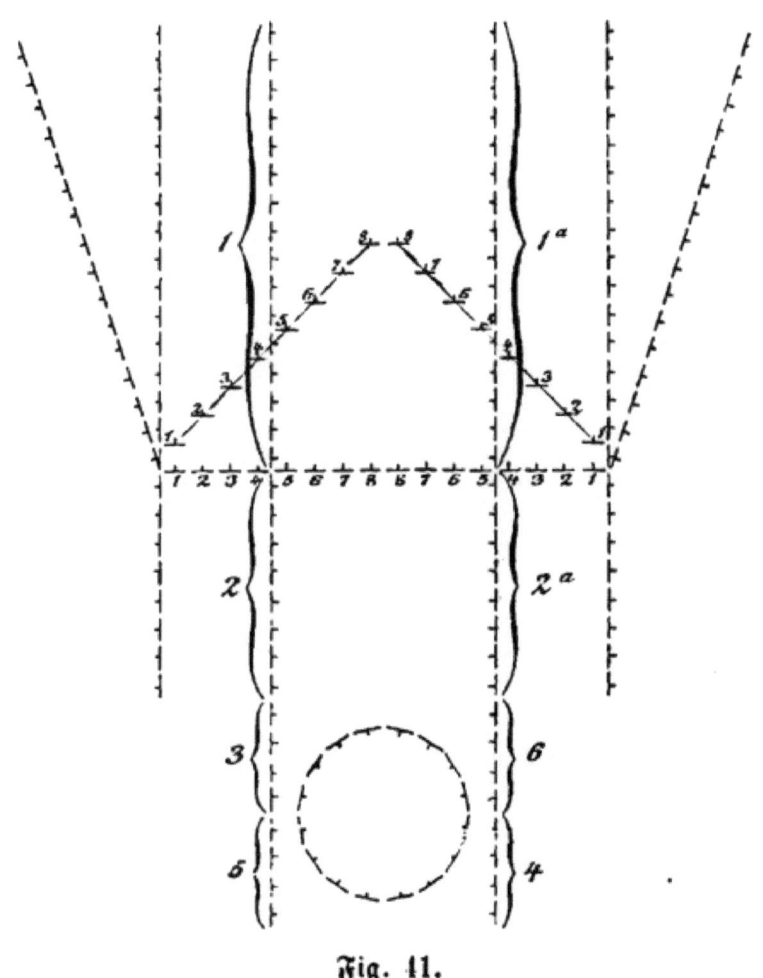

Fig. 11.

B. Die Viererreihen 3 und 4 machen eine
Viertelschwenkung um den rechten Flügel nach

hinten, die Viererreihen 5 und 6 marschieren Schr.
1 Schritte zurück. (4)

5) A. Taktgehen auf der Stelle (Fig. 41). 8

B. Die Flügel der beiden Achterreihen schwenken nach vorn zum Kreise und machen dann 4 Schritte auf der Stelle (Fig. 41). (8)

6) A. Die Sechzehnerreihe 1 macht eine Achtelschwenkung um den linken, die Sechzehnerreihe 1a eine Achtelschwenkung um den rechten Flügel rückwärts. In der doppelten Achterreihe 2 marschieren die einzelnen Nummern zur Linie zurück. 8

B. Beide Achterreihen schwenken zur geraden Linie zurück. (4)

Beide Achterreihen machen mit 4 Schritten **Kehrt und** marschieren dann je 4 Schritte vorwärts. 8

7) A. Die Sechzehnerreihen 1 und 1a machen **Kehrt und** bilden dann mit 8 Schritten nach vorn einen Kreis.

In der doppelten Achterreihe 2 marschieren die Nr. 1 1, die Nr. 2 2 ꝛc. und die Nr 8 8 Schritte zur Staffel rückwärts. 8

B. Die Viererreihen 3 und 5 machen eine Viertelschwenkung um den rechten, die Viererreihen 4 und 6 eine Viertelschwenkung um den linken Flügel nach vorn. (4)

8) A. Taktgehen auf der Stelle. 8
B. Taktgehen auf der Stelle. 8

9) A. Die Sechzehnerreihen 1 und 1a schwenken zur geraden Linie zurück.

In der doppelten Achterreihe 2 marschieren die einzelnen Nummern zur Linie vorwärts. 8

B. Die beiderseitigen Viererreihen marschieren 16 Schritte vorwärts. Schr. (16)

10) A. In den beiden Sechzehnerreihen wogen die Ungeraden der einen und die Geraden der andern Reihe 4 Schritte vor und zurück, die andern umgekehrt 4 Schritte zurück und vor.

Die beiden Achterreihen 2 und 2a machen eine Viertelschwenkung um die äußeren Flügel nach hinten. 8

Summe A. 92 (B. 92).

Strophe 2.

Schr.

1) A. Alle marschieren 4 Schritte vorwärts. 4

B. In jeder Viererreihe machen Nr. 1 und 2 Kehrt. (4)

2) A. Die geraden Paare der Reihe 1 (Fig. 42) wogen 4 Schritte vor und zurück, die ungeraden 4 Schritte zurück und vor. Die Zwölferreihen II und III marschieren 8 Schritte vor. 8

B. Die Viererreihen kreisen mit „Mühle links" um ihre Mitten. (8)

3) A. Die Zwölferreihen II und III bilden mit 8 Schritten je einen Halbkreis um die Hälfte der Reihe 1 als Durchmesser. 8

B. In den Viererreihen 3 und 6 (Fig. 42) machen Nr. 3 und 4, in den Viererreihen 4 und 5 die Nr. 1 und 2 mit 4 Schritten Kehrt. (4)

Je zwei einander gegenüberstehende Viererreihen schwenken mit 4 Schritten nach vorn zum Kreise. (4)

4) A. Taktgehen auf der Stelle (Fig. 42). 4

B. **Taktgehen auf der Stelle** (Fig. 42).

5) A. Die Zwölferreihen II und III marschieren mit 8 Schritten nach vorn zur geraden Linie.

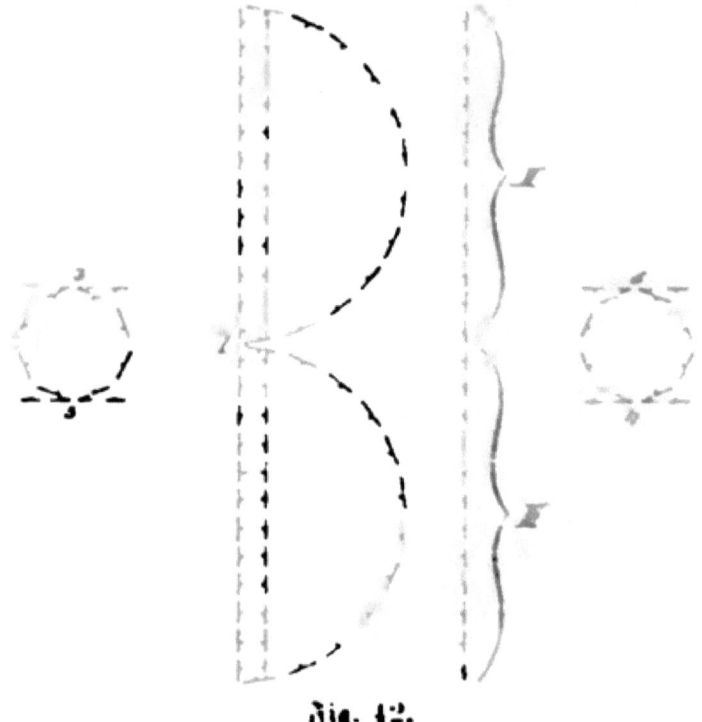

Fig. 42.

B. Die Viererreihen schwenken zur Linie rückwärts. Dann machen alle mit 4 Schritten Kehrt.

6) A. Die Geraden der Reihe I umkreisen ihre Nachbarn links vorn vorüber.

Gleichzeitig marschieren die Zwölferreihen II und III 8 Schritte rückwärts.

B. Die Viererreihen marschieren 12 Schritte Schr.
vorwärts. (12)

7) A. Alle machen mit 4 Schritten Kehrt, marschieren 4 Schritte vorwärts und machen dann wieder Kehrt. 8

B. Jede der Viererreihen macht eine Viertelschwenkung um den inneren Flügel nach vorn und marschiert dann 4 Schritte vorwärts. (8)

8) A. Die Ungeraden der mit 1 bezeichneten Sechzehnerreihen umkreisen ihre Nachbarn rechts hinten vorüber (Fig. 43). Gleichzeitig machen die Achterreihen 2 und 2a eine Viertelschwenkung nach vorn, Achterreihe 2 um den rechten, Achterreihe 2a um den linken Flügel (Fig. 43). 8

B. Die Ungeraden jeder Viererreihe (vom inneren Flügel aus abgezählt) umkreisen ihre benachbarten Geraden vorn vorüber. (8)

9) A. In den mit 1 bezeichneten Sechzehnerreihen umkreisen die ungeraden Paare ihre benachbarten geraden vorn vorüber.
Gleichzeitig marschieren in der doppelten Achterreihe 2 die Nr. 1 1, die Nr. 2 2 ꝛc. und die Nr. 8 8 Schritte zur Staffel vorwärts. 8

B. Je zwei einander gegenüberstehende Viererreihen bilden nach vorn einen Kreis. (4)

10) A. Taktgehen auf der Stelle (Fig. 43). 8
B. Taktgehen auf der Stelle (Fig. 43). (8)

11) A. In der doppelten Achterreihe 2 marschieren alle Nummern zur Linie zurück und dann 4 Schritte auf der Stelle. Alsdann machen die beiden Achterreihen eine Viertelschwenkung um die äußeren Flügel nach hinten. 20

Reigen.

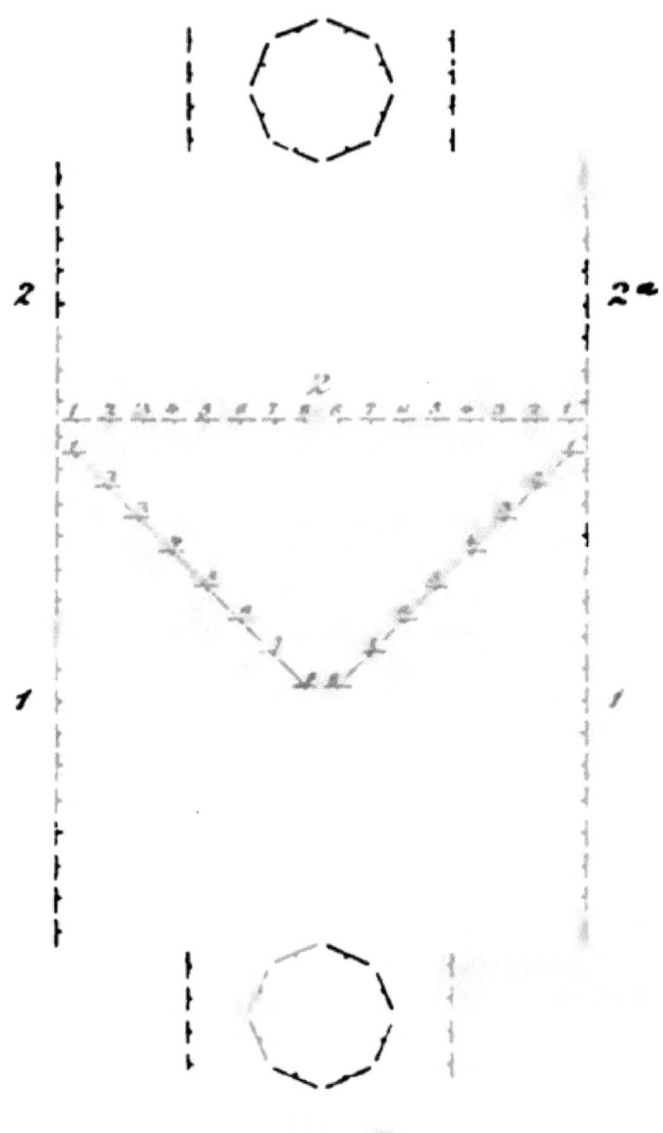

Fig. 13.

Schr.

B. Die Viererreihen schwenken zur Linie zurück. (4)

Die Geraden jeder Viererreihe umkreisen ihre benachbarten Ungeraden vorn vorüber. (8)

Der 1. und der 4. jeder Viererreihe umkreisen gleichzeitig den 2. und 3., Nr. 1 vorn, Nr. 4 hinten vorüber. (8)

Summe A. 88 (B 88).

Strophe 3.

Schr.

1) A. Die Viererreihen der beiden Sechzehnerreihen 1 und 1a (Fig. 41) kreisen mit „Mühle links" um ihre Mitten.

Gleichzeitig machen die beiden Achterreihen 2 und 2a eine Viertelschwenkung nach vorn, Reihe 2 um den linken, 2a um den rechten Flügel. 8

B. In jeder Viererreihe umkreist Nr. 2 die Nr. 1, Nr. 3 die Nr. 4 vorn vorüber. (8)

2) A. Die beiden Sechzehnerreihen 1 und 1a machen eine Achtelschwenkung nach hinten, Reihe 1 um den rechten, Reihe 1a um den linken Flügel. Gleichzeitig marschieren in der doppelten Achterreihe 2 die Nr. 1 1, die Nr. 2 2 ꝛc. und die Nr. 8 8 Schritte zur Staffel vorwärts. 8

B. Taktgehen auf der Stelle. (4)

Je zwei einander gegenüberstehende Viererreihen schwenken nach vorn zum Kreise (Fig. 43). (4)

3) A. Taktgehen auf der Stelle (Fig. 41). 8

B. Taktgehen auf der Stelle. (8)

4) A. Die Sechzehnerreihe 1 und 1a machen die Achtelschwenkung wieder zurück.

Reigen.

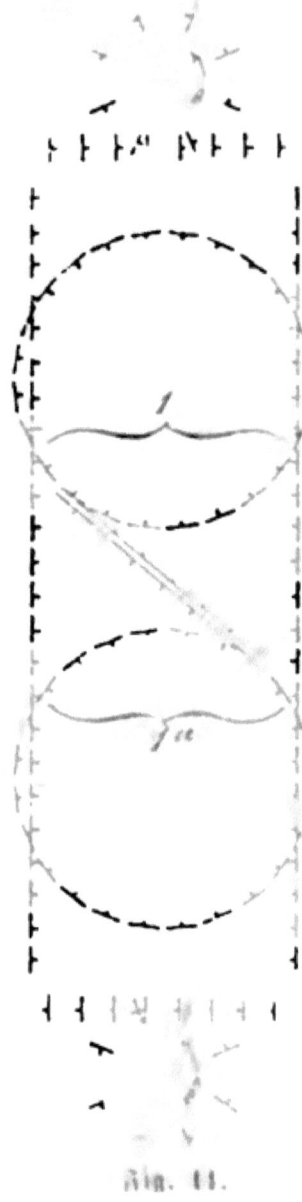

Fig. 11.

Gleichzeitig marschieren die einzelnen Nummern der doppelten Achterreihe 2 zur Linie zurück.

B. Die Viererreihen schwenken zur Linie zurück.

Alle Viererreihen machen eine Viertelschwenkung nach vorn um die äußeren Flügel.

5. A. In den Sechzehnerreihen 1 und 1a marschieren die Nr 1, 2, 15 und 16 1, die Nr. 3, 4, 13 und 14 2, die Nr 5, 6, 11 und 12 3, die Nr. 7, 8, 9 und 10 4 Schritte zur Staffel rückwärts und wieder vor. Gleichzeitig machen die Achterreihen 2 und 2a eine Viertelschwenkung um die äußeren Flügel nach hinten.

B. Beide nun entstandenen Achterreihen marschieren, nachdem sie rechts um gemacht haben, 4 Schritte und dann mit „Spitze rechts schwenkt" 28 Schritte vorwärts

6) A. Die einzelnen Achterreihen machen eine ganze Schwenkung um ihre Mitte nach links.   Schr. 16

7) A. Beide Reihen marschieren 4 Schritte vorwärts.   4

8) A. Je zwei einander gegenüberstehende Zwölferreihen bilden nach vorn einen Kreis (Fig. 44).   8

B. Beide Achterreihen marschieren mit „Spitze rechts schwenkt" 8 Schritte vorwärts. Alsdann schwenkt die Spitze nach links zum Kreise.   (16)

9) A. Alle marschieren 4 Schritte auf der Stelle.   4

10) A. Die beiden Achterreihen 1 und 1a schwenken nach hinten zur Doppellinie (Fig. 44).   8

11) A. Taktgehen auf der Stelle.   8

B. 8 Schritte im Kreise vorwärts mit „Hände zur Pyramide".*)   (8)

Summe A. 88 (B. 88).

---

*) Die linken Arme werden zu schräger Haltung aufwärts gehoben.

Inhaltsverzeichnis.

A. Aufmärsche.

		Seite
I.	Aufmarsch zu Reigen II und III	3
II.	Aufmarsch zu Reigen IV	5
III.	Aufmarsch zu Reigen V	6
IV.	Aufmarsch zu Reigen VI, VII und XII	8
V.	Aufmarsch zu Reigen VI, VII und XII	10
VI.	Aufmarsch zu Reigen VIII und IX	14
VII.	Aufmarsch zu Reigen X	16
VIII.	Aufmarsch zu Reigen XI	18

B. Reigen.

I.	Marschreigen. (Lied beliebig)	23
II.	Gangreigen: Die Wacht am Rhein	24
III.	Ich hatt' einen Kameraden	26
IV.	Ich hab' mich ergeben	26
V.	Schier dreißig Jahre bist du alt	28
VI.	Stimmt an mit hellem, hohem Klang	29
VII.	Nachtigall, Nachtigall ꝛc. Muß i denn, muß i denn	33
VIII.	Nun ade, du mein lieb Heimatland oder: Es braust ein Ruf wie Donnerhall	38
IX.	Auf, ihr Brüder, laßt uns wallen	41
X.	Vor allen Landen hochgeehrt	45
XI.	Deutschland, Deutschland, über alles	46
XII.	Schlußreigen. Der Schmied von Sedan	50